관계. 기본. 본질

마케터 강민호

BACK TO THE BASIC

거래보다 관계
유행보다 기본
현상보다 본질

이 책에 사용된 이미지는 최대한 출처를 표기하려고 노력하였습니다. 만약 저작권 문제가 있는
이미지의 경우 출판사로 알려주시면 저작권료를 지불하도록 하겠습니다.

인문학적 마케팅 사고방식
변하는 것과 변하지 않는 것 개정증보판

발 행 일 2017년 1월 20일 초판 1쇄
2017년 2월 20일 개정판 1쇄
2018년 6월 1일 개정증보판 1쇄
2023년 12월 20일 개정증보판 14쇄 (누적 20쇄)

저 자 강민호
발행인 강민호

펴낸곳 ㈜턴어라운드
출판기획·마케팅 강민호
출판전략 정호정
디자인 문지용
출판등록 2018.04.10. 제2018-000106호
주소 서울시 강남구 압구정로4길 13-7 오피스라인 401호
전화 02-529-9963
웹사이트 www.tabook.kr
이메일 turnbook@naver.com

ISBN 979-11-963721-0-1

* 출판하고 싶은 원고가 있다면 turnbook@naver.com으로 보내주세요.
* 잘못된 책은 바꾸어 드립니다.
* 책값은 표지 뒷면에 있습니다.

변하는 것과
변하지 않는 것

마케터 강민호 | 인문학적 마케팅 사고방식

BACK TO THE BASIC

거래보다 관계

유행보다 기본

현상보다 본질

턴어라운드

프롤로그

17살 제가 태어나서 처음으로 마케팅을 접한 순간은 1998년이었습니다. 저는 중학교와 고등학교라는 정규과정을 선택하지 않았습니다. 게임 시나리오를 쓰는 작가가 되고 싶었던 저는 자연스럽게 게임을 접할 수 있는 게임 하드웨어 및 소프트웨어 유통 매장에서 아르바이트를 시작했습니다. 이때가 처음으로 "어떻게 하면 매장에 더 많은 사람들을 오게 만들 수 있을까"하는 마케팅 관점의 문제를 고민한 순간이었습니다. 물론 당시에는 마케팅이란 단어가 무엇인지도 몰랐죠. 무작정 생각해낸 것이 근처 중학교와 고등학교 정문에서 또래 친구들에게 명함 크기로 만든 전단을 나눠주는 일이었습니다. 사비를 들여 제작한 전단 수백 장을 며칠동안 또래 친구들의 등하교시간에 맞춰 나눠주기 시작했습니다. 이것이 제가 기억하는 제 인생의 첫번째 마케팅 프로젝트입니다.

20살 현대무용을 시작하면서 만들었던 춤 관련 커뮤니티의 회원수가 20만 명을 넘어 국내 댄스분야 1위의 커뮤니티가 되었습니다. 회원수가 늘어나자 여기저기서 비즈니스를 할 수 있는 기회들이 생겨났습니다. 하지만 당시 마음 깊이 의지하고 믿었던 사람에게 부당한 방법으로 모든 것을 빼앗기게 되었습니다. 그렇게 첫 실패를 가장 믿었던 사람을 통해 경험하게 되었던 것입니다.

22살 클럽과 파티를 주제로 처음부터 다시 도전했습니다. 얼마 지나지 않아 커뮤니티는 회원수 10만 명을 달성해 또다시 클럽과 파티분야 국내 1위의 커뮤니티가 되었습니다. 이 커뮤니티를 기반으로 동영상 유료 서비스와 패션, 파티 등의 콘텐츠를 다루는 온라인 서비스를 시작했습니다. 서비스를 시작한 지 3개월도 되지 않아 해당분야 국내 1위 사이트가 되었습니다. 좋은 콘텐츠 자체가 가장 좋은 마케팅이라는 작은 배움이 있었지만, 지속가능하지 않은 비즈니스의 끝은 공허함뿐이라는 더 큰 깨달음을 얻었습니다. 채 1년도 되지않아 사업에 크게 실패하면서 매일 밤 하는 생각은 단 한 가지였습니다.

"내일은 또 뭐 하지?"

할 일도, 하고 싶은 일도, 또 할 수 있는 일도 없었습니다. 내일이 오는 것이 너무 두려웠습니다. 그리 넉넉지 않았던 집의 전 재산을 투자해 겁없이 시작한 사업을 실패하고 마지막으로 회사의 집기 등을 중고로 팔며 모든 것을 정리하고 나니 앞길이 너무 막막했습니다. 부모님께 이 사실을 차마 말씀드릴 수 없어서 한 달 넘게 혼자 끙끙앓고 아침이면 출근하는 시늉을 했습니다. 하지만 막상 집 밖을 나서도 어디 갈 데가 있나요? 수중에는 돈도 없고, 그나마 버스비 정도가 있으면 아무 버스나 타고 이곳저곳 돌아다녔던 기억이 납니다. 모든 것을 포기하고 싶었습니다. 당시 양화대교에 올라가 아래를 내려다보면서 많은 생각을 했습니다. 우습게도 차마 손을 놓고 뛰어내릴 용기는 생기지 않더군요. 스무 살이 넘은 나이였지만 최종학력은 고작 초등학교 졸업이었습니다. 무언가를 새롭게 시작하고 싶은 마음은 간절했지만, 사회와 편견의 벽은 높았습니다. 저는 단지 평범한 그들과 어울리지 못하는 낯선 이방인에 불과했습니다. 더 이상 내려갈 곳이 없었습니다. 그런데 어느 순간 더 이상 잃을 것이 없다는 사실이, 이제는 얻을 것밖에 없다는 묘한 자신감으로 바뀌기 시작했습니다.
제일 먼저 달려간 곳은 광화문에 있는 한 서점이었습니다. 세상에 존재하는 모든 책을 읽고, 공부하겠다는 마음으로 독서에 몰입하기 시작한 건 이때부터의 일입니다. 몇 년 정도 책을 읽고 공부하다 보니 무언가 알 것 같다는 생각이 들었습니다. 지식은 충분하다는 생각이 들었고, 다시 사업을 시작한다면 무조건 성공할 수밖에 없다는 확신에 차 있었습니다.

26살 늦깎이 신입생으로 대학에 입학하고 자동차 운영체제를 개발하면 큰 돈을 벌 수 있을 것 같았습니다. 그래서 먼저 여성의류 쇼핑몰을 시작했습니다. 지속적인 투자가 필요한 OS 개발을 위해 현금 흐름을 창출할 비즈니스가 필요했던 것이죠. 그런데 사업을 시작한 지 얼마 되지 않아 미국에서 서브프라임 모기지 사태가 터졌습니다. 물론 거시적인 환경이 아니더라도 사업이 지속되기 어려운 이유는 내부적으로도 많았습니다. 손해가 더 커지기 전에 사업을 중단해야겠다고 결정했습니다. 알고 있는 지식과 사실은 지혜와 진실의 온도와 사뭇 달랐습니다. 단순히 아는 것이 전부가 아니라, 그 이상의 무언가가 있다는 또 하나의 깨달음을 얻었지만, 결과적으로 저는 또 실패하고 말았습니다.

27살 다시 학교로 돌아갔습니다. 남들보다 더 빨리 가고 싶어 선택한 길 때문에 모든 것이 더 늦어지고 만 것이었습니다. 돌이켜보니 문제는 지식이 아니라, '나'라는 사람 자체에 있다는 생각이 들었습니다. 그리고 문제에 대한 해답 역시 이미 내 안에 존재한다는 확신이 들기 시작했습니다. 비즈니스의 본질이 지식과 테크닉이 아니라, 성숙한 인격과 겸손한 태도에 있다는 것을 처음으로 글이 아닌 온몸으로 느낀 순간이었습니다.

32살 혹시 놓치고 있는 것이 있진 않을까, 대학원에서 공부를 해보기로 했습니다. MBA 과정은 마케팅의 학문적인 배경과 깊이를 더하는 소중한 시간이었던 것과 동시에 학문과 현장의 차이를 직접 확인하는 데에 더 큰 가치가 있었던 시간이었습니다.

35살 "그렇다면 해답은 어느 방향에 있을까?" 그동안 성공과 실패 경험을 바탕으로 치열하게 고민하고 사색하고 또 상상하기 시작했습니다. 그리고 생각의 흔적을 SNS에 남기기 시작했습니다. 지금까지 쓴 글 중 불필요한 부연을 다 제거하고 남은 단어는 그리 많지 않았습니다.

"거래보다 관계, 유행보다 기본, 현상보다 본질"

이 사실을 아주 조금이나마 머리로, 또 마음으로 이해하기까지 20년의 시간이 걸린 것 같습니다. 거래, 유행, 현상은 언제든지 쉽게 변할 수 있는 것들입니다. 거래는 상황에 따라 쉽게 바뀌고 유행과 현상 역시 마찬가지입니다. 하지만 관계, 기본, 본질은 쉽게 변하지 않는 것들입니다. 물론 그 행간을 파악하기 쉽지 않은 것들이기도 합니다. 어떤 경우에는 명확한 답이 없는 문제를 붙들고 있는 것 같은 생각이 들 수도 있습니다.

저는 여러분에게 어떠한 정답도 제시하지 못합니다. 다만, 각자의 내면에 반드시 존재하는 스스로의 해답을 찾아갈 수 있도록 생각이 나아갈 방향과 단서를 제공하고자 합니다. 지금까지 제가 겪었던 어리석은 실수와 시행착오를 다른 누군가 똑같이 반복하지 않길 바랍니다.

사실 이것이 글을 쓰고 강의를 시작한 가장 큰 이유이기도 합니다. 그동안 머리로 배웠던 학문적인 배경과 이론적 사실, 그리고 때로는 실제로 경험하면서 가슴으로 깨달았던 진실이 조금이나마 진심 그대로 여러분들에게 전달되길 희망합니다.

2016년의 마지막 날, 가로수길에서

Back To The Readers : 독자들의 추천글

마케팅의 본질 그 자체를 좀 더 기본에서 바라볼 수 있게 해주는 마케팅 도서, '변하는 것과 변하지 않는 것'이었습니다. (중략) 업무를 하다 보면 고객과 회사 사이에서 산으로 가는 결정을 하게 되는 경우들이 종종 생기는데, 그때마다 되새기며 방향성을 잡는 길잡이가 되어 줄 도서 한 권을 찾은 것 같습니다.

— 흥청망청휘(whdgnl100)

마케팅에 관심이 많아 많은 책을 읽어봤지만 이 책만큼 공감이 가는 책은 읽어보지 못한 듯해요. (중략) 학문적인 내용도 비전공생인 저에게도 쉽게 이해가 갈 정도로 어렵지 않게 느껴졌습니다. 입문자들에게 완전 강추!

— Say J(tinier)

이 책을 한마디로 평가하자면 '마케팅적 사고방식을 가장 효율적으로 알려주는 안내서'라고 말하고 싶다. 이 책을 읽다 보면 머릿속에 담아두었던 마케팅에 대한 온갖 접근방식과 브랜딩이 차근차근 정리되어 갈 것이다. (중략) '브랜딩과 마케팅이란 무엇인가?'에 대한 깊은 탐구가 필요한 시점이라면 이 책을 강력히 추천한다.

— 달빛태우기 조남규(mayanie)

이 책은 단순히 '마케팅이란 이런 것이다! 요즘 유행과 트렌드는 이러하니 이렇게 하라'라고 알려주는 서적이 아닙니다. 급변하는 생활 가운데서도 마케팅의 기본, 본질을 안다면 어떤 환경과 상황 속에서도 그에 맞는 마케팅 기법을 적용할 수 있음을 알려주는 책입니다. '거래보다 관계, 유행보다 기본, 현상보다 본질' 이 슬로건이 책장을 넘길 때마다 공감이 되어서 더욱 유익한 감정으로 읽을 수 있었던 책이었습니다.

— 깡양(taehyun0401)

마케팅 관련서이기는 하지만 마케팅이라는 것만 걷어내면 삶의 방향성에 대한 생각과 스스로에게 많은 질문을 던지게 만드는 책이랍니다. 자신의 삶을 경영해나가는 가운데 시간을 어떻게 마케팅할지, 또 어떤 삶을 살고 준비하며 사회적인 책임을 다해야 할지 생각하게 해주는 내용들이 많이 있답니다.

— NV(kaisharu)

* '변하는 것과 변하지 않는 것' 실제 독자들의 생생한 후기를 전달하기 위해 블로거들의 포스팅을 그대로 인용하였습니다.

추천사

마케팅의 본질적인 부분을 깊고 예리하게 파고든다. 기존의 사례를 이리저리 잘 편집해서 두루뭉술한 마케팅 성공담을 늘어놓는 것이 아니라, 그 이면에 놓여있는 본연의 가치가 무엇인지, 시장의 본질적인 특성이 무엇인지를 냉철하게 짚어내는 데 놀라지 않을 수 없었다. 이 책은 빠르게 흐르는 트렌드의 강물에 휩쓸리지 않고 그 강물이 어디서 시작되었고 무엇을 향해 흘러가고 있는지, 변하지 않는 것을 사색하라고 소리친다. '왜'라는 본연의 질문을 통해 치열한 조사와 고민을 하도록 끊임없이 자극한다. 지금까지 수많은 마케팅 강의를 들었고, 많은 마케팅 서적을 읽었지만, 마케터 강민호의 마케팅 강의와 칼럼은 그의 나이가 믿기지 않을 정도다. 최고라는 수식어가 아깝지 않다.

- 김대현, 동화약품 마케팅 전략 본부장

수많은 마케팅 서적들이 성공 노하우와 현상에 집중한 각주라면, 이 책은 다시금 마케팅의 본질과 기본을 돌아볼 수 있는 계기를 가져다 준 본문 그 자체이다. 암전된 밀실에서 술래잡기를 하듯, 눈에 보이지 않는 무수히 많은 고객들과 복잡한 채널을 통해 소통하고, 숨은 가치를 전달하는 것! 결국 마케팅은 "'사람'을 향한 존중과 사랑이 아닐까?"라는 메시지를 던진다.

- 권수연, 로레알 프로페셔널 마케팅 팀장

마케팅을 정말 잘 안다고 착각하지만, 마케팅을 전혀 모르는 당신을 위한 유일한 마케팅 책. 마케팅 관련 서적은 넘쳐나지만, 《변하는 것과 변하지 않는 것》은 관계·기본·본질을 바탕으로 가치의 원형과 날것에 대한 근원적인 질문을 던진다. 사람들이 왜 마케터 강민호에 열광하는지, 그 이유를 엿볼 수 있는 그의 마케팅 철학이 이 한 권에 오롯이 담겼다. 어렵고 이해 안 가던 마케팅 용어들은 마법처럼 아주 친근하고 다정하게 다가온다. 이미 마케팅을 이해하고 있는 마케터라면, 이 책은 하나의 철학으로 다가올 것이다. 마케터를 꿈꾸는 학생뿐 아니라, 현직 마케터라면 반드시 읽어야 할 경영 필독서!

- 윤두석, 현대홈쇼핑 마케팅팀 마케터

'마케팅이란 무엇인가'에 대한 물음으로 시작해 '사람'을 향한 답이 무엇인지 고민하게 만드는 단 한 권의 마케팅 인문서. 이 책은 마케팅 전략에 대한 경영서이자 고객의 욕망을 파악하고, 이를 어떠한 전략으로 연결시켜서 고객문제를 해결할 것인지 설명해주는 가이드북이다. 여기까지는 여타의 다른 마케팅 서적들과 별반 다를 바 없다. 하지만 마케터 강민호는 여기서 한 걸음 더 나아갔다. 고객문제는 결국 사람의 문제이고, 사람의 문제는 곧 우리의 삶과 행복에 관한 문제라는 사실이다.
이 책은 가벼운 마케팅 입문서라기보다, 묵직한 마케팅 인문서에 가깝다.

- 박호진, KT그룹 마케팅 수석매니저

차례

가치혁신의 비밀

02. 고객 관점 재정의 **“거래보다 관계”**

고객은 어떤 존재인가?

01

마케팅의 기본 원칙

현상보다 본질

만약 여러분들의 상품·서비스가 뭔가 계속 잘 안되고 있다면, 거의 대부분의 이유는 아주 심플합니다. 바로 그만큼의 가치가 없기 때문입니다.

마케팅이란 무엇인가?

■ 얻는 것과 잃는 것 : Trade-off를 반드시 기억하라

마케팅은 경영활동의 일부입니다. 경영은 재무·회계, 생산운영, 인사·조직, 경영전략 등 다양한 파트로 나누어져 있습니다. 학문적으로, 또 실무적으로 경영은 다양한 관점에서 정의되고 이야기되곤 합니다. 마케팅 역시 경영의 한 부분을 차지하고 있습니다. 본격적인 이야기를 하기에 앞서 마케팅의 상위 범주인 경영에 대한 이야기를 잠깐 해보려고 합니다. 경영이란 무엇인지에 대해 저와 여러분이 큰 틀에서 합의를 한 다음 마케팅에 대한 논의로 이어지면 훨씬 매끄럽게 이야기를 진행할 수 있을 것 같습니다.

경영이란 무엇인가?

이 질문에 대해 학자들, 또는 회사를 운영하는 경영자들은 저마다 다양한 답을 내놓습니다. 수많은 답변 가운데 가장 눈에 띄는 것은 바로 경영을 예술로 비유한 정의입니다. 혹시 이런 말을 들어보셨나요?

"경영은 의사결정의 예술이다."

이 말은 경영의 본질을 직접적으로 잘 표현하고 있는 문장입니다. 그렇다면 의사결정이란 무엇일까요? 또 예술은 어떻게 정의해야 할까요? 이 질문에 대한 답을 내릴 수 있을 때 비로소 '경영은 의사결정의 예술이다'라는 말을 오롯이 이해할 수 있을 것입니다. 계속해서 '왜'라는 질문을 통해 가치혁신과 차별화를 위한 마케팅을 이야기하게 될 것입니다. 연습 삼아 지금부터 함께 생각해보도록 합시다.

누군가 당신에게 질문했습니다. '의사결정이란 무엇인가요?'
잠시 책을 내려놓고 의사결정이란 무엇인지 생각해보는 시간을 가져볼까요?

아마 생각보다 쉽지 않았을 것입니다. 평소에 의사결정이라는 평범한 주제에 대해 스스로 질문하고 의심해본 경험이 거의 없기 때문입니다. 대부분의 사람들은 교과서적 정의를 기계적으로 외우는 데 성공하면 더 이상 생각하고 고민하는 것을 멈춰버립니다. 그렇기 때문에 언뜻 생각하기에 당연해 보이는 것들을 의심하고 질문하는 것은 더더욱 낯설어지게 마련입니다. 하지만 마케팅은 끊임없이 생각하고 고민하는 과정 그 자체입니다. 서문에서 이야기했듯 앞으로도 저는 여러분에게 어떠한 정답을 제시하지는 않을 것입니다. 다만 마케팅적 사고방식을 위한 생각의 틀과 의사결정의 기준을 제시하는 데 초점을 맞출 것입니다. 그러니 지금부터는 끊임없이 '왜'라는 질문을 통해 고민하고 생각하는 습관을 갖도록 노력하면 도움이 될 것입니다.

다시 의사결정에 대한 이야기를 이어가도록 하겠습니다. 마케팅 강의를 들으시는 분들께 의사결정에 대한 설명을 부탁드리면 대부분 '무엇인가 결정하고 선택하는 것'이라고 대답합니다. 맞습니다. 일반적으로 의사결정이란 일정한 기준을 가지고 선택하는 것입니다. 그렇다면 다시 한 번 이렇게 질문해보겠습니다. '결정하고 선택한다는 것은 무엇인가요? 더하는 것을 의미하는 것인가요, 아니면 빼는 것을 의미하는 것인가요?' 여기서부터 조금 고민이 되기 시작합니다. 사실 선택이라는 단어는 직관적으로 더하는 것과 추가하는 것의 의미로 와 닿기 때문입니다. 이 정도까지 오면 경영을 위한 의사결정의 본질이 무언가를 더하는 것에 있는지, 아니면 빼는 것에 있는지 선뜻 정의내리기 쉽지 않습니다. 하지만 함께 조금 더 고민해보면 방향을 잡을 수 있습니다.

경영에서 의사결정을 하는 이유가 무엇인가요? 근본적인 이유는 바로 한정된 자원(경제적·시간적·인적자원 등)에 있습니다. 투입할 수 있는 한정된 자원으로 투입된 자원 이상의 가치를 창출하는 것이 경영학적 의사결정의 궁극적인 목적이라고 할 수 있습니다. 여기까지는 경영학 교과서에 나올 법한 정답입니다. 조금 더 나가볼까요? 만약 투입할 수 있는 자원이 무한하다면 굳이 의사결정을 내릴 필요가 있을까요? 그저 모든 시장과 고객을 대상으로, 모든 상품과 서비스를 다루면 될 것입니다. 실제로 자원이 무한하다면 이와 같은 전략이 가장 이상적일 수 있습니다. 하지만 현실에서 모든 자원은 극히 한정되어 있습니다. 그렇기 때문에 의사결정을 통해 선택과 집중을 하는 것이죠. 이러한 측면에서 경영학적 의사결정의 본질은 한정된 자원을 통해 최대의 효과와 효율을 내기 위해 무언가를 선택하는 것을 의미합니다. 여기에서 선택이란 무엇을 더하는 것이 아닙니다. 의사결정에서의 선택이 단순히 무언가를 더하는 것이라면 어떤 경영자도 의사결정 문제에 대해 고민하지 않을 것입니다.

■ 의사결정이란 포기해야 할 것을 선택하는 일

의사결정이란 무언가를 포기하는 것입니다. 다시 말해 의사결정은 포기해야 할 것들을 선택하는 가치판단 행위입니다. 과감히 포기하고 버릴 것을 선택하는 것, 바로 이것이 경영학적 의사결정의 본질입니다. 하지만 우리는 의사결정을 할 때 무언가를 계속 더하고 추가하고 싶은 본능적인 유혹에 빠집니다. 포기한다는 것 자체가 심리적인 부담과 정신적인 고통을 주기 때문입니다.

행동경제학에서 유명한 '딸기잼 실험'이라는 것이 있습니다. 고객에게 열 가지가 넘는 선택권을 주면 대부분의 고객은 그 어떤 것도 선택하지 않습니다. 하지만 오히려 선택할 수 있는 옵션이 3~5가지로 줄어들면 구매율이 높아지는 결과를 보입니다. 이 실험은 고객에게 너무 많은 옵션을 줄 경우(정보 과잉), 오히려 선택에 대한 인지적 부조화가 일어난다는 것을 보여주고 있습니다. 포기할 것이 많으면 그만큼 고통도 커지게 됩니다. 포기한다는 것은 불편한 감정을 초래합니다. 그렇기 때문에, 사람들은 아예 아무것도 선택하지 않음으로써 심리적으로 불편해지는 감정을 피하려고 하는 것입니다. 따라서 우리의 인지적 시스템은 활용할 수 있는 자원이 한정되어 있다는 진실을 의도적으로 망각합니다.

포기함으로써 생기는 고통을 선택하기보다 마치 무한정의 시간과 자원을 가지고 있는 것처럼 모든 것을 추가하고 더하려고 합니다. 사실 이는 경영뿐만 아니라 우리의 삶 속에도 깊이 스며들어 있습니다. 주어진 삶이 죽음이란 경계로 한정되어 있다는 사실에 초점을 맞추기보다, 시간이라는 자원이 무한정으로 주어진 것처럼 생각하고 행동하려고 하는 것이죠. 하지만 이제는 현실을 직시해야 합니다. 자원의 희소성과 그에 따른 선택은 반드시 명심하고 있어야 할 사항입니다.

경영자는 의사결정을 하는 사람입니다. 기업의 경영자가 엄청난 연봉을 받는 이유도 바로 의사결정을 하기 때문입니다. 의사결정이란 선택하는 것입니다. 그리고 선택이란 무언가를 추가하고 더하는 것이 아니라, 오히려 무언가를 빼고 포기할 것을 정하는 일입니다. 선택하면 반드시 잃는 것이 있습니다. 잃는 것이 있다면 반드시 얻는 것도 있습니다. 이것을 트레이드오프[Trade-off]라고 합니다. 의사결정의 기본은 바로 이 트레이드오프를 이해하는 것입니다. '포기해야 할 것'을 결정하는 일, 바로 이것이 의사결정의 본질입니다. 이 사실을 항상 기억한다면 경영과 마케팅에 대해 한층 더 깊게 이해할 수 있을 것입니다.

여기까지 잘 따라오고 계신가요? 지금 저와 여러분은 단어의 의미와 개념들을 하나씩 생각하고 고민하고 있습니다. 후반부로 갈수록, 그리고 시간이 지날수록 수시로 변하는 마케팅 기법과 테크닉보다 이러한 기본 개념에 대한 이해가 매우 큰 도움이 될 것입니다. 수학으로 치면 덧셈, 뺄셈, 나눗셈, 곱셈의 사칙연산에 대한 이야기를 하고 있는 것과 같습니다. 마케팅 전략에 있어 기본 개념을 어떻게 이해하고 넘어 가느냐에 따라 지속가능한 학습과 질적 성장이 결정되는 만큼, 처음부터 확고한 기본과 중심을 잡는 것이 중요합니다.

"예술과 기술은 어떻게 다른가."

그렇다면 이제 '경영은 의사결정의 예술이다'라는 정의에서 '예술'이 가지고 있는 함축적인 의미를 경영과 마케팅의 관점에서 풀어보도록 하겠습니다.

여기에 작품과 상품이 있습니다. 이 둘의 차이점은 무엇인가요? 우리는 작품과 상품을 구분합니다. 어떤 것은 작품, 어떤 것은 상품이라고 합니다. 작품과 상품의 기준은 예술이냐 아니냐를 가지고 분류하는 것이 일반적입니다. 그럼 예술인지 아닌지에 대한 여부는 또 무엇을 기준으로 판단해야 하는 것일까요? 쉽지 않은 과정이지만 저와 여러분은 끊임없이 생각하고 고민해야 합니다. 스마트폰으로 모든 지식을 10초 안에 검색할 수 있는 세상에서 누군가 일방적으로 지식을 전달하는 것은 아무 의미가 없습니다. 마케팅은 끊임없이 '왜'라는 질문을 통해 고민하고 사색하는 것입니다. 사색은 검색보다 넓고 깊습니다. 이번에도 함께 생각하고 고민하면서 다양한 답을 찾아보겠습니다.

"무엇이 작품이고 무엇이 상품입니까?"
"무엇이 예술이고 무엇이 기술입니까?"

사실 이 질문은 의사결정에 대한 질문보다 훨씬 더 어렵습니다. 더구나 예술을 딱 잘라 정의 내릴 수도 없습니다. 그럼에도 불구하고 경영은 의사결정의 예술이라는 논의를 진전시키기 위해서는 작품과 상품의 기준이 되는 예술과 기술에 대한 적절한 합의가 필요합니다.

작품과 상품을 구분하는 기준은 표면적으로 유통, 생산자, 희소성 등 다양합니다. 그중에서도 '창작의 동기와 생각의 원형은 어디에서부터 오는가.' 라는 물음은 작품과 상품을 구별하는 하나의 단서가 될 수 있습니다. 일반적으로 상품은 구매자에 초점이 맞춰져 있습니다. 즉, '창작의 동기와 생각의 원형'을 외부의 기준에 따라 편집하고 기획하는 것입니다. 반면에 작품은 이와 다른 방식으로 창작됩니다. 작품을 창작하는 기준은 외부가 아닌 내부, 다시 말해 개인의 내면에 있습니다. 작품을 창작하는 사람은 자신의 작품이 다른 사람에게 어떻게 비춰질지 고민하기보다 자신의 작품이 스스로의 철학과 내면을 충실하게 담고 있는지를 고민합니다. 작품의 기준을 외부로 가져가는 순간, 그것은 더 이상 예술이 아닙니다. 작품의 세계는 '나'라는 존재를 중심으로 편집되고, 상품의 세계는 '고객'을 중심으로 편집됩니다. 작품과 상품, 예술과 기술은 이렇게 구분됩니다.

■ 포기해야 할 것을 가르는 기준

사전에 여러분과 저는 의사결정이 포기해야 할 것을 결정하는 일이라고 합의했습니다. 그러면 무엇을 기준으로 포기할 것을 결정해야 할까요? 의사결정의 '예술'과 의사결정의 '기술'이라는 두 가지의 항목 중 여러분은 포기하는 방법을 선택해야만 합니다. 예술적 기준으로 포기하는 것과 기술적으로 포기하는 것, 여러분은 무엇을 선택하시겠습니까? 이것은 포기해야 할 것들의 기준이 '나'의 내면과 철학에 존재하는지, 아니면 외부의 시선과 환경에 존재하는지의 문제입니다. 마음의 결정을 하셨나요? 꼭 양자택일 방식의 선택을 따를 필요는 없습니다. 하지만 의사결정의 중심을 어디에 두느냐에 따라 전략의 방향이 달라지기 때문에 이러한 고민과 사색의 시간을 갖는 것은 그 자체만으로 의미가 있습니다.

마케팅은 지속가능한 경영을 위해 존재합니다. 지속가능한 경영을 위해서는 지속가능한 고객이 필요합니다. 따라서 고객지향성은 매우 중요합니다. 경영에서 의사결정을 할 때에도 고객을 지향하는 태도가 중요한 것이지요. 고객지향이라는 의미 역시 확실히 해둘 필요가 있습니다. 고객지향은 의사결정의 기준이 나의 내면에 존재할 때 비로소 성립합니다. 출발점이 명확해야 올바른 지향점을 잡을 수 있습니다. 의사결정의 기준이 단지 외부적 환경과 고객에게 달려있다면 이것은 고객지향이 아니라 고객편향입니다. 편향은 방향 없이 방법에 집중하고, 목적 없는 목표를 추구하는 것과 같은 근시안을 의미합니다. 결론은 유행과 현상에 휩쓸려 우왕좌왕하게 되는 것이죠.

편향을 지향이라 착각하고 경영과 마케팅 의사결정 기준을 외부의 관점을 따라 수시로 이리저리 바꿔 적용한다면, 기업의 지속가능성 역시 중심을 잃고 말 것입니다.

애플의 창업자인 스티브 잡스는 알려진 바와 같이 자신만의 확고한 기준과 철학을 바탕으로 의사결정을 했던 대표적인 경영자입니다. 고객은 그가 추구하는 디자인과 철학에 공감하고 또 열광했습니다. 고객들은 단순히 아이폰과 맥북이라는 기계가 아니라, 스티브 잡스의 철학을 구매한 것입니다. 아이폰과 맥북은 그가 추구하는 철학의 부산물일 뿐입니다. 앤디 워홀이 작품을 상품의 범주로 대중화시킨 기획자라면, 스티브 잡스는 상품을 작품의 경지로 끌어올린 예술가에 가깝습니다. 애플이라는 회사를 단숨에 러브마크로 만든 스티브 잡스는 역사상 가장 훌륭한 성과를 이뤄낸 경영자 중 한 명입니다. 스티브 잡스가 시장조사를 신뢰하지 않았다는 사실은 이미 유명한 일화입니다. 하지만 그가 시장조사를 하지 않았다는 이유만으로 고객지향성을 잃었다고 평가해서는 곤란합니다. 고객은 가치 있는 상품과 서비스가 아니라면 절대 그것을 쫓지 않습니다. 그런 의미에서 궁극적으로 추구해야 할 고객지향은 고객을 쫓는 것이 아니라, 고객이 나를 쫓게 만드는 것입니다. 고객들로 하여금 우리의 철학을 지향하게 만드는 것이죠. 그리고 마케팅은 내가 옳다고 믿는 생각과 철학이 담긴 가치를 고객에게 전달하고 공유하는 것입니다. 결론적으로 포기해야 할 것들을 가르는 본질적인 기준은 타인이 어떻게 생각하느냐에 달려 있지 않습니다. 나 자신이 어떻게 생각하느냐, 바로 이것이 핵심입니다.

■ 얻는 것과 잃는 것

'경영은 의사결정의 예술이다'라는 말의 개념이 느껴지시나요? 세상의 모든 결정에는 트레이드오프Trade-off가 존재합니다. 모든 것을 선택할 수 있는 선택이란 없습니다. 특히 경영과 마케팅 의사결정에 있어 트레이드오프를 이해하는 것은 전략적 사고의 기본이 되는 매우 중요한 개념입니다. 블루오션 전략이나 혁신에 관한 내용을 다루고 있는 책과 논문에서 마이클 포터의 경쟁우위 전략에 대한 새로운 해석(한 가지 경쟁우위가 아닌 두 가지 이상의 경쟁우위 전략을 동시에 추구해야 한다는 주장)을 접했다면 트레이드오프에 대해 반문할 수도 있습니다. 하지만 그 이면에도 결국 무언가를 포기하고 다른 무언가를 취하는 트레이드오프가 존재합니다. 표면적으로 트레이드오프 요소들이 눈에 잘 띄지 않을 뿐입니다.

트레이드오프를 뛰어넘는 전략은 하나입니다. 바로 아무것도 포기하지 않는 대신, 차별화를 포기하는 것입니다. 이러한 의사결정의 기본적 틀이 확고하게 잡혀있지 않으면 마케팅에 대한 모든 논의는 무의미합니다.

트레이드오프로 인해 얻는 것과 잃는 것을 선택해야 하는 의사결정에는 반드시 그 기준이 있어야 합니다. 그리고 그 기준은 기술이 아닌 예술이 되어야 합니다. 경영이 추구해야 할 본질적인 미션, 그리고 마케팅의 궁극적인 지향점은 바로 지속가능성입니다. 기술은 계속 변하지만, 예술은 시간이 지날수록 가치를 인정받습니다. 의사결정이 시간이 지날수록 가치 있는 예술적 선택이 되려면 포기의 이면에 분명한 철학적 기준이 존재해야 합니다. 절대 이 말을 잊어서는 안 됩니다. "경영은 '의사결정 → 포기'의 예술이다."

경영, 포기에 대한 철학과 예술

1980년대 위기의 할리데이비슨을 다시 살린
리처드 티어링크Richard Teerlink는 말합니다.

"우리는 철학을 판다. 오토바이는 슬쩍 끼워 팔 뿐."

인문학적 마케팅 사고방식

MARKETING THINK

교보문고, 철학에 전략을 입히다

1. 교보문고가 얻는 것과 잃는 것

최근 교보문고는 대대적인 매장 리뉴얼을 진행했습니다. 서점을 들른 고객들이 책을 구매하지 않고도 자유롭게 책상에 앉아 책을 읽을 수 있다는 파격적이고 과감한 의사결정을 단행한 것입니다.

독서공간이 마련된 리뉴얼 후의 교보문고 (자료 : 교보문고)

교보문고는 서점에서 책장이 차지하고 있는 공간을 상당 부분 덜어내고, 카우리 소나무 테이블이라는 거대한 책상과 자연광에 가깝게 맞춰진 조명을 설치했습니다. 이처럼 독서에 최적화된 환경을 통해 고객들은 자유롭게 책을 읽으면서 독서라는 문화적 경험을 체험할 수 있게 됩니다. 이러한 전략은 고객으로 하여금 책과 독서에 대한 가치를 재평가하게 만드는 계기가 되어 장기적으로는 교보문고의 잠재적인 자산(브랜드 가치, 잠재고객 확보 등)으로 편입될 수 있도록 만드는 긍정요인으로 작용합니다.

반면 교보문고가 포기해야 하는 부분도 있습니다. 책의 진열 공간을 축소시키면서 생기는 도서의 다양성, 고객이 책의 필요한 부분만 읽고 구매하지 않았을 때에 생기는 기회비용의 손실은 단기적인 매출과 이익창출에 부정적인 요소로 작용할 수도 있습니다. 사실 정량지표 추락으로 이어질 것이 예상되는 의사결정은 대부분의 기업들이 본능적으로 회피하고 싶어 하는 옵션입니다.

그럼에도 불구하고 교보문고가 본능에 반하는 의사결정을 하게 된 배경에는 몇 가지 요인이 있습니다. 그중 하나가 바로 '철학'입니다. 교보문고의 철학을 대변하는 전략적 구심점은 신용호 창업주로부터 태동합니다. 신용호 창업주는 "책도둑은 도둑이 아니다."라는 말을 했습니다. 교보문고는 창업주의 5가지 철학이 영업 현장과 내부 구성원들에게 공유될 수 있도록 지속적인 교육을 실시하고 있습니다. 그 내용은 다음과 같습니다.

① 모든 고객에게 친절하고 초등학생에게도 반드시 존댓말을 쓸 것
② 한 곳에 오래 서서 책 읽는 것을 절대 말리지 말고 그냥 둘 것
③ 이것저것 책을 빼보기만 하고 사지 않더라도 눈총 주지 말 것
④ 책의 내용을 노트에 베끼더라도 말리지 말고 그냥 둘 것
⑤ 책을 훔쳐 가더라도 도둑 취급하지 말고 타인의 눈에 띄지 않는 곳으로 가서 좋은 말로 타이를 것

사실 이처럼 듣기 좋은 말들은 얼마든지 많습니다. 지금 당장 웬만한 회사의 홈페이지에 들어가서 회사의 핵심가치와 철학, 비전, 미션 등을 살펴본다 해도 좋지 않은 말은 하나도 없을 것입니다. 하지만 적어도 지금 이 글을 쓰고, 읽고 있는 우리는 알고 있습니다. 그러한 이념과 철학, 핵심가치와 같은 것들은 사실 회사에게 유리한 경우에만 정상적으로 작용한다는 사실을……

2. 교보문고, 철학에 전략을 입히다

교보문고의 변화가 눈에 띄는 가장 핵심적인 이유는 바로 '철학'에 있습니다. 전략의 출발점이 자사의 철학에서, 실행으로 연결되었다는 점은 굉장히 높게 평가해야 할 부분입니다. 물론 이러한 의사결정 과정에 내부적인 치열한 고민과 찬반양론이 첨예하게 대립했다는 후문이 있지만, 분명한 것은 경영진과 내부구성원들이 암묵적으로 합의한 '철학적 공감과 동의'가 없었다면 이루어지기 힘들었을 것입니다.

결론적으로 교보문고의 전략은 정성지표뿐만 아닌, 정량지표에서도 일단 성공적이라고 합니다. 아마도 이런 철학의 전략화 과정이 고객들에게 투명하게 공개되고, SNS를 통해 공유되면서 교보문고가 추구하는 가치에 대한 대중의 공감대가 형성되었기 때문일 것입니다.

경영은 의사결정의 예술입니다. 의사결정은 무엇을 선택하는 것이 아니라, 포기해야 할 것을 결정하는 일입니다. 전략이란 의사결정에서 포기해야 할 것들이 일정한 방향성과 정체성을 띠고 패턴을 갖도록 하는 것입니다. 포기해야 할 것들의 방향성, 정체성, 패턴들이 기업의 철학과 가치를 대변하는 묶음일 때 전략은 진정성을 흡수하고 비로소 진정한 '전략적 의사결정'으로 거듭날 수 있습니다.

3. 마케팅 전략(기술적) 관점에서 바라본 교보문고

하지만 교보문고는 무조건 사회적 의사결정을 하는 자선단체가 아닙니다. 자사의 철학을 기저로 한 의사결정을 바탕으로(기술적 의미의) 전략을 꼼꼼하게 검토했을 것입니다. 지금까지 일반적인 리테일Retail 상식에 비추어 보면 참으로 의아한 교보문고의 혁신, 과연 어떤 점을 염두에 두었을까요?

먼저 교보문고의 리테일 혁신은 전례 없이 독창적인 것은 아닙니다. 일본의 츠타야Tsutaya 서점 사례를 벤치마킹하여 상당 부분 이를 흡수한 것으로 보입니다. 츠타야는 내부에 카페, 레스토랑, 아이들을 위한 키즈존 등을 마련하여 고객들의 독서경험을 창출하고 출판 유통의 가치혁신을 이루어낸 성공 모델입니다. 아마도 교보문고는 이러한 선제적 성공모델을 철저하게 분석하여 예상되는 리스크와 취약점을 효과적으로 통제할 수 있었을 것입니다.

4. 큐레이션Curation + O2OOnline to Offline 서비스라는 대세에 탑승하다

미국의 온라인 서점인 아마존은 최근 오프라인 비즈니스를 시작했습니다. 오프라인 매장을 자사의 킨들과 인기도서 위주로 편집하여 인기 있는 책을 바로 찾아보고 후기도 검색해볼 수 있도록 QR코드를 제공하는 도서 큐레이션 서비스가 하나의 트렌드로 자리 잡았습니다. 선택의 폭이 기하급수적으로 증가하는 데 따라 많은 사람들이 선택장애를 겪고 있는 시대를 반영한 사례입니다. 스타트업에서는 무엇이든 큐레이션하면 비즈니스 모델이 된다는 이야기가 있을 정도로, 상품의 선택을 돕는 큐레이션 서비스의 열풍이 대단합니다. 교보문고 역시 고객경험 극대화를 위한 변화를 위해 이 흐름에 편승했다고 봐도 무방합니다.

다만, 큐레이션 서비스에도 명과 암이 있습니다. 교보문고가 큐레이션을 통해 인기 서적 위주로 디스플레이하는 전략을 취함에 따라 자연스레 과거에 교보문고가 지향했던 보유 서적의 다양성이라는 가치는 포기할 수밖에 없습니다. 하지만 이와 같은 큐레이션 서비스의 트레이드오프 요소인 상품 전시 공간 상실로 인한 실질 재고도서 경감을 '바로드림'이라는 O2O[1]서비스 전략으로 적절하게 상쇄하고 있습니다. 뿐만 아니라 쇼루밍Showrooming족과 웹루밍Webrooming족 [2]의 욕구를 충족시키는 양방향 O2O를 통해 독특하고 새로운 고객경험과 가치를 창출하고 있습니다. 철학적 가치에 기반한 전략에서 드러나는 취약점을 '바로드림'이라는 O2O를 이용해 턴어라운드하는 신의 한 수, 여기서 교보문고의 오랜 고민의 흔적이 느껴집니다.

1) O2O : online to offline, 온라인과 오프라인을 연결한 마케팅으로 온라인으로 상품이나 서비스를 주문하면 오프라인으로 제공합니다.

2) 쇼루밍족과 웹루밍족 : 쇼루밍족은 소비자들이 오프라인 매장에서 제품을 살펴본 후 실질적인 구매는 온라인이나 모바일을 통해 쇼핑하는 사람들을 뜻합니다. 웹루밍족은 반대로 온라인이나 모바일을 통해 정보를 검색하고 구입은 오프라인 매장에서 하는 사람들로, 역쇼루밍족이라고도 합니다.

5. 지배적 사업자의 시장 견인 전략

우리나라의 1인당 독서량은 세계 166위로 OECD 최하위권입니다. 그리고 교보문고는 이러한 우리나라의 출판도서 유통 시장의 지배적인 사업자입니다. 그렇기 때문에 시장의 파이 자체를 키워야 하는 것이 교보문고의 숙명입니다. 우리나라의 독서량이 증가하면 자연스레 가장 큰 수혜를 입는 사업자는 교보문고입니다. 최근 예스24나 기타 온라인 기반 서점들의 매출이나 성장률도 증가하고 있지만 시장의 볼륨 자체가 미미한 상황이라면 곧 수확체감의 법칙Diminishing returns of scale [3]이라는 한계에 빠지게 될 것입니다.

교보문고가 지금 같은 상황에서 제로섬Zero-sum [4]게임을 지양하고, 새로운 잠재고객을 창출하는 것은 결코 선택의 영역이라고 할 수 없을 것입니다. 지금 성장하는 것처럼 보이는 온라인 서점은 일종의 트리클 다운Trickle down [5]현상입니다. 교보문고의 입장에서 다운사이징Downsizing을 통한 효율성 확보 같은 것들은 큰 의미가 없기 때문에 시장의 규모 자체를 키우기 위한 가치혁신이 반드시 필요합니다. 이를 위해 기존 고객이 아닌, 잠재고객과 비고객들에게도 최상의 독서경험이라는 혜택을 제공하고, 더 많은 사람들이 독서라는 행위에 가치를 부여할 수 있는 환경을 조성하는 것입니다.

주로 긍정적인 측면에서 이야기했지만, 공급자인 출판사의 입장에서는 고객들이 읽으면서 상품가치가 훼손된 책들의 반품 문제 등 B2B 단계에서 발생하는 부작용도 만만치 않다고 합니다. 이런 점들은 상생과 공존이라는 대의명분을 통해 교보문고가 지혜롭게 풀어가야 할 과제일 것입니다.

---

3) 수확체감의 법칙과 수확체증의 법칙 : 생산요소를 추가적으로 계속 투입해 나갈 때 어느 시점이 지나면 새롭게 투입하는 요소로 인해 발생하는 수확의 증가량이 감소하는 현상을 수확체감의 법칙이라고 합니다. 반대로 투입된 생산요소가 늘어나면 늘어날수록 산출량이 기하급수적으로 증가하는 현상을 수확체증의 법칙이라고 합니다.

4) 제로섬 : 경제이론으로 게임이나 스포츠 등에서 승패의 총합이 제로가 되는 것. 참가자들이 모두 이득을 얻거나 손실을 보는 것이 불가능한 것으로 항상 승자와 패자가 명확히 구분되는 상황입니다.

5) 트리클 다운 : 대기업의 성장을 촉진하면 중장기적으로 중소기업과 소비자에게도 혜택이 돌아가 총체적으로 경기가 활성화된다는 경제 이론으로, 흔히 낙수효과라고도 합니다.

■ 마케팅의 궁극적 지향점 : 지속가능성에 초점을 맞춰라

경영학적 의사결정의 핵심은 트레이드오프Trade-off를 이해하는 것이며, 지속가능한 경영이 의사결정의 궁극적인 지향점이라는 이야기를 했습니다. 그렇다면 지속가능성은 왜 경영과 마케팅 의사결정의 궁극적인 지향점이 되어야 하는 걸까요? 이 부분을 깊이 이해하고 넘어가야 경영과 마케팅 전략의 본질적인 성격과 방향을 규정할 수 있습니다.

일반적으로 고객이 지불하는 상품과 서비스의 가격에는 오늘 구입한 상품이 내일도 존재할 것이라는 기업의 지속가능성에 대한 신뢰 비용이 포함되어 있습니다. 주식시장에서 흔히 말하는 기업가치도 마찬가지입니다. 당장 언제 망할지 모르는 회사에 투자를 하는 사람을 없을 것입니다. 투자의 기본 원칙이 기업의 지속가능성에 대한 신뢰라는 것은 말할 것도 없습니다. 그렇기 때문에 지속가능성은 기업이 내외부의 다양한 고객들에게 책임지고 약속해야 할 가장 중요한 항목이자 의사결정의 궁극적 준거가 되는 것이죠.

미래에 대한 기대와 예측은 기업의 지속가능성을 전제로 할 때 의미가 있습니다. 그리고 미래에 대한 예측이 용이성과 투명성을 확보할 때 다양한 이해관계자로부터 신뢰를 얻을 수 있게 됩니다. 이러한 신뢰를 바탕으로 거래가 가능해지며, 이러한 거래가 여러 차례 반복되고 쌓였을 때 비로소 관계가 형성되는 것입니다. 신뢰를 바탕으로 맺어진 관계들이 모이면 이것은 다시 지속가능한 경영의 핵심적인 토대가 됩니다. 그리고 이런 선순환이 지속되면서 스노우볼 효과

Snowball effect[6]를 통해 더 큰 가치로 창출되는 것, 이것이 지속가능성에 초점을 맞춘 의사결정의 본질적인 목적입니다.

기업의 지속가능성을 좀 더 큰 틀에서 살펴보면 어떨까요?

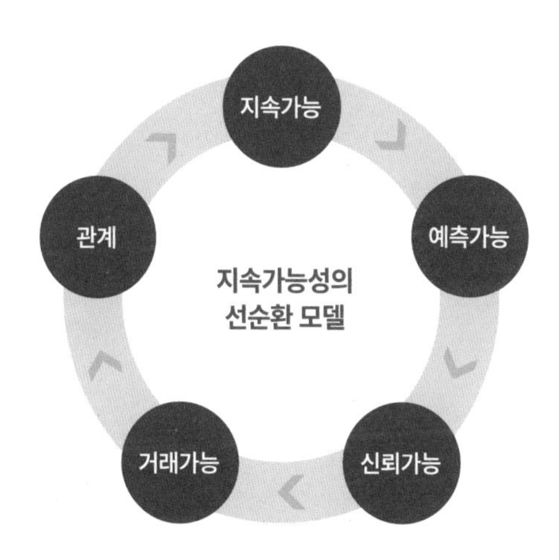

지속가능성은 왜 중요할까? 지속가능성의 선순환 모델

모든 자원은 한정되어 있습니다. 기회도 마찬가지입니다. 마음껏 공부할 수 있는 기회, 좋은 직장에서 일할 수 있는 기회, 편안한 환경에서 꿈을 꿀 수 있는 기회는 한정된 자원입니다. 모두가 훌륭한 대학을 졸업하고 좋은 회사에 취직하여 편안한 삶을 영위할 수 있다면 더할 나위 없겠지만 현실적으로 그렇게 모두 갖춰진 환경에서 꿈을 향해 도전할 수 있는 기회가 주어지지는 않습니다. 물론 더 많은 노력을 하는 사람들이 기회를 얻고 성공할 수 있는 가능성은 더 커집

6) 스노우볼 효과(snowball effect) : 산 정상에서 자그마한 눈덩이를 굴릴 경우 밑으로 내려갈수록 그 눈덩이가 기하급수적으로 커지는 현상으로, 시간이 지날수록 이자가 극대화되는 복리 효과와 같은 개념.

Trade-off : 무언가 얻는다면, 무언가는 반드시 잃는다. (자료 : Unsplash)

니다. 하지만 다른 관점에서 보면 기회를 얻지 못한 다수의 사람들이 꿈과 기회를 더 잘 실현시킬 수 있는 소수의 사람들에게 이를 양도했다고 볼 수 있습니다. 자신보다 '그 공부'를, '그 일'을, '그 꿈'을 더 잘 실현시켜 줄 수 있는 사람을 위해 기회를 양보한 것이죠.

지금 이 순간 마케팅에 관한 책을 출판하기 위해 원고를 쓰고, 마케팅·브랜드 전략 컨설팅과 강의를 하고 있는 것이 순전히 저의 능력만으로 이루어진 것은 아닙니다. 눈에 보이지는 않지만, 정말 이 일을 간절히 원했던 익명의 다수가 이 일을 좀 더 잘할 수 있다고 판단되는 저에게 기회를 양도했기 때문에 가능한 일인 것입니다.

저는 이 기회를 기꺼이 양보해준 이름 모를 수많은 사람들에게 빚을 지고 있습니다. 이 사실은 제가 저에게 주어진 일을 더 열심히 해야 하는 이유이기도 합니다. 지금 이 글을 읽고 있는 여러분들도 한번 뒤돌아 생각해보면 누군가 여러 가지 이유로 포기해야만 했던 기회들을 대신해서 행사하고 있다는 사실을 알 수 있을 것입니다(심지어 이렇게 태어났다는 사실조차 누군가 포기해야만 했던 기회를 대신 행사하고 있는 것이지요).

책을 읽고, 쓰고, 맛있는 식사를 하고, 아이스 아메리카노를 마시며, 공부를 하고, 일을 하며, 사랑을 하고, 때론 여행을 다니는, 지금 우리에게 주어진 이 크고 사소한 모든 순간들이 누군가는 간절히 원하고 꿈꾸었던 기회일 것입니다.

"수많은 기회를 양보한 사람들…
우리는 어떻게 바라봐야 할까요?"

이제 경영과 마케팅에 관한 이야기로 초점을 옮겨보겠습니다. 기업은 어떨까요? 하나의 기업이 성공하기까지 온전히 그 기업 하나가 잘해서 성공할 수 있는 것일까요? 전혀 그렇지 않습니다. 한 기업이 성공하기까지는 수많은 또 다른 기업과 익명의 사람들이 양도한 기회와 가치들이 존재합니다.

안전과 치안을 위해서 노력하는 경찰, 환경을 위해 일하는 미화원, 재난과 화재예방을 위해 일하는 소방관, 사회에 필요한 것들을 제공하고 있는 셀 수 없이 많은 상점과 그 안에서 서비스를 제공하고 있는 사람들은 저마다의 방법으로 사회라는 공동체의 유지와 번영을 위해 각자의 분야에서 노력을 하고 있습니다. 만약 이런 사회적 인프라와 시스템이 존재하지 않거나 불안정하다면 아무리 뛰어난 기업이라 해도 성공은커녕 살아남기도 쉽지 않을 것입니다.

■ 지속가능한 경영의 본질

지속가능한 경영의 본질적인 토대는 바로 지속가능한 사회입니다. 그렇다면 지속가능한 사회는 어떤 사회일까요? 지속가능한 사회는 한정된 기회와 자원으로 어쩔 수 없이 발생되는 최소 수혜자들에게 최대의 혜택이 돌아가도록 하는 것입니다. 다시 말해 기회를 양도한 익명의 사람들에게 이익의 몫이 돌아가도록 하는 것입니다. 그들이 그 일을 더 잘할 수 있는 이들에게 기회를 양도했으니, 양도에 대한 그들의 몫을 되돌려 주는 것은 당연한 의무겠지요? 이런 의무를 기업의 관점에서 성실하게 이행하는 것을 경영학에서 '기업의 사회적 책임'이라고 합니다. '기업의 사회적 책임'은 기업의 당연히 이행해야 할 사회적 의무인 것입니다.

지속가능한 경영을 위한 지속가능한 사회

하버드의 석좌교수인 마이클 포터Michael Eugene Porter는 기업의 사회적 책임을 CSRCorporate Social Responsibility이라는 용어로 정리했습니다. 하지만 안타까운 것은 실제 경영의 현장에서는 CSR이라는 개념이 기업전략 관점에서 논의되고 있다는 사실입니다. 기업의 의무인 사회적 책임을 재무적인 성과와 마케팅의 투자대비 성과인 ROIReturn On Investment와 연결시켜 효과성과 효율성을 논하는 것은 기업의 사회적 책임과 의무라는 본질에 어긋납니다.

"CSR·CSV는 전략이 아니라 의무입니다."

기업의 사회적 책임은 전략이 아닌 의무

최근 기업이 사회적 책임을 이행하는 방식이 CSR을 넘어 공유가치창출이라는 CSVCreating Shared Value개념으로 변하고 있습니다. 기존 CSR이 기업이 창출한 이익을 사회에 환원하고 공정무역과 윤리경영 등을 통해 결과적 정의를 실현하는 개념이라면, CSV는 기업의 비즈니스 활동자체가 사회적인 문제를 해결하게 함으로써 절차적 정의를 확보하는 것을 의미합니다. CSR·CSV의 관점에서 보자면 CSV는 기업이 이익을 위해 하는 활동 자체가 사회적 책임을 할 수 있도록 전략화하는 것입니다. 따라서 사회적 책임에 대한 지속성을 확보한다는 것에 큰 의미가 있습니다. 기업의 이익과 의무를 연결하는 개념과 방법론에 관한 논의는 '기업은 이윤을 추구해야 한다'는 전제를 바탕으로 합니다. 하지만 기업의 이윤추구를 위해서는 먼저 가치를 추구해야 합니다. 인간과 사회에 유용한 가치를 제공하면 이익은 저절로 따라옵니다. 그리고 가치실현의 바탕에는 의무가 포함되어 있습니다. 기본적인 의무조차 행하지 않고 가치를 이야기하는 이것은 어불성설이나 다름없습니다. CSR·CSV는 기업의 이익과 매출을 위한 전략적 관점이 아니라, 사회의 지속가능성과 공존을 위한 본질적인 가치의 관점에서 매듭지어져야 합니다.

CSR·CSV를 기업의 마케팅과 브랜드 전략에 대한 방법론으로 접근하여 설명할 수 있습니다. '어떻게 하면 CSR·CSV를 통해 브랜드와 고객가치를 창조할 수 있을까?' 이것이 이 글을 읽고 있는 분들이 더 기대하고 있는 부분일 수 있습니다. 하지만 CSR·CSV를 전략으로 활용하기보다 의무의 관점에서 책임질 수 있도록 하는 것이 경영과 마케팅을 하는 사람들의 기본적인 사명과 책무가 될 것입니다. 기업경영과 마케팅이 기본적으로 추구해야 할 지향성인 지속가능성을 위한 사회적 책임과 의무에 대한 내용은 여러분들과 가장 공유하고 싶고, 또 공감을 얻고 싶은 부분입니다.

최소 수혜자에게 최대의 혜택이 돌아가도록 (자료 : Getty Images Bank)

경영학적 의사결정의 궁극적 지향점은 기업과 비즈니스의 지속가능성에 있습니다. 그리고 기업의 지속가능성을 위해서는 먼저 사회의 지속가능성에 기여해야 합니다. 지속가능성이 없는 사회라면 기업 역시 지속가능하지 않기 때문입니다. 이를 위해 기업은 전략적 측면이 아닌, 본연의 의무로써 사회적 책임을 다해야 합니다. 사회적 책임의 기본 원칙이 최소 수혜자에게 최대의 혜택이 돌아갈 수 있도록 하는 것이라는 점을 절대 잊어서는 안 됩니다. 기업, 그리고 사회의 지속가능성이라는 측면에서 경영과 마케팅 의사결정이 이루어져야 한다는 점을 기본적으로 머리와 마음에 담고 본격적으로 마케팅 이야기를 시작해보겠습니다.

인문학적 마케팅 사고방식

MARKETING THINK

유희열이 이야기하는 지속가능성

시즌별로 계속 진행되고 있는 'K팝스타'라는 오디션 프로그램이 있습니다. 이 프로그램은 가수를 꿈꾸는 출연자들이 나와 서바이벌로 경연을 치르고 결선에 오르면 양현석, 박진영, 유희열 등의 심사위원이 직접 운영하는 기획사를 통해 바로 가수로 데뷔할 수 있는 기회가 주어집니다. 재미있는 점은 심사위원의 선택과 시청자들의 문자투표로 결선까지 올라가게 되지만, 최종 우승자는 자신이 가고 싶은 기획사를 직접 선택할 수 있다는 것입니다. 매 시즌마다 이 선택의 장면이 참 흥미롭습니다. 여기에서만큼은 심사위원과 오디션 참가자의 상황이 역전되기 때문이죠. 심사위원들은 참가자를 자신의 기획사로 영입하기 위해 강력하게 어필하고 구애합니다. 아무래도 전 국민에게 공개적으로 알려지는 사안이다 보니 기획사들 간의 자존심도 걸린 문제겠죠.

YG엔터테인먼트는 누구나 인정하는 최고의 기획사 중 하나입니다. 아마 이곳에 들어가서 가수로 활동하면 적어도 마케팅이나 회사의 지원이 부족해서 성공하지 못하는 일은 거의 없을 것입니다. JYP엔터테인먼트도 사정은 비슷합니다. 박진영이라는 심사위원 자체가 가수 활동을 이어가고 있으며 그동안 수많은 히트곡을 직접 기획·제작했던 확실한 레퍼런스가 있기 때문입니다. 여기에서 가장 궁금증을 불러일으키는 대상은 바로 안테나뮤직을 운영하는 유희열 심사위원입니다. 다른 기획사에 비해 상대적으로 인지도나 대중성, 그리고 상업적으로 크게 성공한 레퍼런스가 크게 부각되지 않는 기획사이기 때문입니다. 유희열 심사위원은 마지막으로 참가자에게 자신의 기획사를 선택할 것을 부탁하면서 다음과 같은 이야기를 한 적이 있습니다.

"저희는 스타를 만드는 방법은 몰라요. 하지만 오랫동안 음악을 할 수 있는 방법은 잘 알고 있는 회사입니다. 만약 평생 음악인으로 살고 싶다면 안테나를 선택해주시죠!"

무심코 화면을 보다가 이 말을 듣고 깜짝 놀랐습니다. 더 이상 무슨 말이 필요할까요? 지속가능성. 정말 음악을 사랑하고 아끼는 참가자라면 마음이 움직이지 않을 수 없는 가장 본질적인 가치일 것입니다.

여러분은 어떠신가요? 지금 하고 있는 일을 사랑하고 계신가요? 지금하고 있는 일이 가치있는 일이라고 생각하시나요? 그렇다면 지금 그 일에서 본질적으로 가장 소중한 것이 무엇인가요? 단기적인 성과도 중요하겠지만, 그 일을 오랫동안 지속할 수 있는 것이 다른 가치보다 앞서지 않을까요?

■ 경영학 관점에서의 마케팅

혹시 누군가 여러분에게 마케팅이 무엇인지 묻는다면 여러분은 어떻게 대답하시겠습니까? 보통 마케팅이라고 하면 블로그나 세일즈 기법들을 떠올리는 분들이 많으실 것 같습니다. 하지만 이것은 마케팅 영역의 극히 일부분에 불과합니다. 광고·홍보, 그중에서도 블로그나 인스타그램 같은 툴Tool 중심의 채널은 마케팅 커뮤니케이션 방법의 일부일 뿐입니다. 마케팅은 지속가능한 비즈니스를 위해 반드시 필요한 핵심역량을 이해하고, '가치'를 관리하는 일련의 모든 활동을 의미합니다.

블로그나 인스타그램, 페이스북은 누구나 몇 시간만 배우면 원리를 이해하고 바로 모방할 수 있는 단순 테크니컬 스킬입니다. 마케터라면 반드시 이런 채널을 자유자재로 다룰 줄 알아야 합니다(마케팅을 하는데 기본적인 채널조차 이해하지 못한다면, 마케팅 대행사나 컨설팅 회사의 좋은 먹잇감이 되고 맙니다). 하지만 이것은 비즈니스의 지속가능성과 핵심역량, 그리고 고객가치의 본질이 아닌 부차적인 수단일 뿐입니다. 광고와 홍보 이전에 마케팅과 경영에 대한 전반적인 이해, 그리고 인문학적 사고방식을 먼저 배워야 함에도 사람들은 부차적인 테크닉과 스킬에만 집중합니다. 더 나아가 어딘가 숨겨진 한방이 있을듯한 꼼수에 사람들의 눈과 귀가 쏠리는 현상을 보면 안타까울 따름입니다. 예를 들어 그로스 해킹이 유행을 하면 사람들은 성공한 비즈니스 모델들의 성공요인을 그로스 해킹에서 찾습니다. 물론 그로스 해킹에 관한 칼럼과 책들이 쏟아져 나오는 것이 선행됩니다. 하지만 한 번만 생각해보면 답은 너무나도 명쾌합니다.

"과연 성공한 기업들이 그런 조잡한 마케팅 꼼수를
이용해 지금의 자리에 있는 것일까요?"

성공한 기업들은 본질적으로 그들이 제공하는 상품이나 서비스 자체가 고객들과 가치 있는 관계를 맺고 있기 때문에 성공한 것입니다. 만약 여러분들의 상품과 서비스가 가치 있다고 생각하는데도 뭔가 계속 잘 안되고 있다면, 거의 대부분의 이유는 아주 심플합니다. 바로 그만큼의 가치가 없기 때문입니다.

고객들에게 가치 있는 상품과 서비스를 알리고 소개하고 추천하는 것은 앞서 말한 단순한 테크닉에 속하는 부분입니다. 그리고 누구나 이런 부분은 쉽게 따라할 수 있습니다. 쉽게 배우고 적용할 수 있는 만큼 이를 배우려고 하는 사람들이 많아집니다. 그렇게 테크닉과 스킬이 보편화되면 BTL 채널을 통한 커뮤니케이션의 강점은 금세 사라지고, 결국 다시 가치라는 본질로 회귀하게 되고 맙니다. 문제는 한번 테크닉에 집착하기 시작하면 다시 돌아가는 곳 역시 테크닉과 스킬이 된다는 점입니다. 이것이 늘 제자리걸음만 하며 유행만 좇는 비즈니스의 전형적인 패턴입니다.

지속가능한 경쟁우위의 원천은 '철학에 의해 가치 지어진 전략'입니다. 이것은 무형의 자산으로 다른 누군가 모방할 수 없고 희소성이 있습니다. 확고한 철학이 담긴 전략은 실행의 동기가 강력하며, 조직 내부 구성원들에게 빠르게 전파되어 하나의 문화로 자리 잡습니다. 지금 사업이 잘 풀리지 않고 있다면 근본적인 문제는 블로그나 인스타그램, 페이스북을 못해서가 아닐 가능성이 큽니다. 대부분 본질적인 가치의 측면에서 고민하기보다는 사업부진의 원인을 단순히 광고와 홍보의 문제로 귀결시킨다는 점입니다.

지금부터 광고나 홍보가 아닌 진짜 마케팅에 대한 이야기를 시작해보려고 합니다. 먼저 마케팅에 대한 학계의 정의를 한번 살펴보겠습니다. 한국마케팅협회[KMA]는 다음과 같이 마케팅을 정의하고 있습니다.

"마케팅은 조직이나 개인이 자신의 목적을 달성시키는 교환을 창출하고 유지할 수 있도록 시장을 정의하고, 관리하는 일련의 과정이다."

위의 문장으로는 의미가 잘 파악되지 않습니다. 아마 많은 분들이 대체 무슨 소리인지 이해하기 어렵다고 느끼실 것 같습니다. 위의 정의에서 중요한 단어인 '교환'과 '시장'을 살펴보겠습니다. 먼저 교환이라는 단어는 주로 경제학에서 쓰는 단어입니다. 교환을 좀 더 경영학적인 느낌으로 바꾸면 '거래'라는 단어가 됩니다. 마케팅은 거래를 창출하고 유지하는 활동입니다. 그리고 시장을 정의한다는 것은 STP, 즉 Segmentation(시장 세분화), Targeting(타깃 선정), Positioning(포지셔닝)입니다. 여기에서 시장이라는 단어를 '고객'이라고 바꾸면 좀 더 쉬워집니다. 고객을 정의하는 작업이 되겠죠. 거래를 유지하고, 고객을 관리하는 것을 CRM[Customer Relationship Management]이라고 합니다.

"마케팅은 조직이나 개인이 자신의 목적을 달성시키는 거래를 창출하고 유지할 수 있도록 고객을 정의하고, 관리하는 일련의 과정이다."

학문적으로 마케팅은 거래를 창출하고 유지할 수 있도록 고객을 정의[STP]하고 관리[CRM]하는 것이라고 볼 수 있습니다. 본래 마케팅의 지향점인 지속가능성에 초점을 맞춘다면 거래보다 '관계'에 방점을 찍는 것이 더 바람직합니다. 그리고 시장과 고객을 정의하는 STP와 더불어 고객의 필요[Needs]와 욕구·욕망[Wants]에 관한 문제의 관점으로 마케팅을 본다면 마케터가 해야 하는 역할Role과 업무Action를 명확히 할 수 있습니다.

"마케팅은 조직이나 개인이 자신의 목적을 달성시키는 관계를 창출하고 유지 할 수 있도록 고객과 문제를 정의하고, 관리하는 일련의 과정이다."

그렇다면 마케팅을 이렇게 정의할 수 있을까요?

"마케팅은 관계를 형성하고 지속할 수 있도록 인간의 문제를 이해하고 해결하는 과정이다."

마케팅은 본질적으로 거래하기 위한 것이 아니라, 관계를 형성하는 데에 그 목적이 있습니다. 관계에는 사회와 기업과의 관계, 기업과 내부 조직원과의 관계, 또 기업과 고객과의 관계가 있습니다. 단기적인 거래를 위해 고객을 속이고 이익을 취하는 기업들의 뉴스와 기사를 심심치 않게 접하게 됩니다. 그리고 인간관계에서도 거래로 인해 관계가 훼손되는 모습을 어렵지 않게 볼 수 있습니다. 관계를 형성하는 것이 목표가 되면 거래는 자연스레 따라오게 됩니다.

관계를 형성하고 지속하려면, 이해당사자들에게 가치 있는 제안에 대한 소통이 필요합니다. 가치 있는 제안이란 고객이 가지고 있는 표면적·내면적 문제를 이해하고, 이에 대한 방법을 제시하는 일입니다. 평소 호기심과 애정을 가지고 고객을 관찰하지 않는다면 문제를 이해하고 포착하기 쉽지 않을 것입니다. 게다가 고객을 이해하는 일은 시간이 갈수록 더욱 어려워지고 있습니다. 수요가 공급을 초과했던 과거에는 고객의 문제가 대부분 표면적으로 드러나는 필요(기능적)에 의한 문제였다면, 공급과잉의 시대로 접어든 현재는 고객들이 가지고 있는 문제의 상당수가 내면적인 욕구·욕망(심리적·정서적)에 기인한 문제에서 발생되기 때문입니다.

더구나 욕구와 욕망은 현상적으로 드러나 이것을 정량화하거나 소비자 조사 등을 통해 끌어낼 수 있는 부분이 아니기 때문에 난해하고 복잡하기만 합니다. 그럼 고객들의 내면적인 문제를 어떻게 하면 이해하고 들여다볼 수 있을까요? 우리는 인문학에서 많은 힌트를 얻을 수 있습니다. 예를 들어, 수많은 소설 속 주인공의 대사가 바로 고객들의 마음 속 독백입니다. 수 천 년 동안 이어져온 인간과 존재에 대한 철학자들의 이야기와 통찰은 고객들의 심연을 비추는 거울입니다. 여기에 비춰진 고객들의 욕구와 욕망을 이해하고 인간문제에 대한 근원적인 해답을 찾아가는 일, 이것이 바로 마케팅이 추구하는 가치제안의 핵심입니다.

"마케팅은 가치를 제안하는 것이다."

마케팅이란 무엇인가? 이 질문에 대한 답은 '가치'라는 단어로 함축하여 설명할 수 있습니다. 마케팅은 가치에 대한 문제입니다. 가치를 고민하고, 가치에 대한 이야기를 끊임없이 이어갑니다. 그럼 마지막 질문을 드리면서 이 주제를 마치도록 하겠습니다. 바로 넘기지 마시고 '가치'라는 단어에 대해 잠시 생각해보시기 바랍니다.

"가치란 무엇인가요? 무엇이 가치있는 것이죠?
'가치 있다'는 말은 어떤 의미인가요?"

■ 인문학적 관점에서의 '가치'

가치라는 말은 일반적으로 우리가 흔히 쓰는 단어입니다. '말할 가치가 없다, 상대할 가치도 없다, 들어볼 만한 가치가 있다, 가볼 만한 가치가 있다.' 이렇게 가치라는 말은 일상 속에서 쉽게 쓰이는 말입니다. 마케팅은 결국 가치에 대한 문제를 다루는 분야이기 때문에 이를 정확하게 이해해둘 필요가 있습니다. 가치라는 말은 크게 두 가지로 나누어 볼 수 있습니다. 예술, 철학적 관점에서 가치와 마케팅에서 쓰이고 있는 가치에 대한 개념입니다. 이 둘은 서로 같은 가치라는 단어를 쓰고 있지만 그 느낌이 조금 다릅니다. 하지만 이 두 가지 개념은 결국 하나로 이어지게 됩니다.

강연을 하면서 청강하시는 분들에게 질문을 하는 경우가 있습니다. 아래의 사진을 보고 대답해보시면 어떨까요?

어떤 꽃을 선물하시겠습니까? (자료 : Getty Images Bank)

더 마음에 드는 꽃을 선택하셨나요? 지금 선택한 꽃다발은 부모님, 사랑하는 연인, 친구에게 선물할 꽃다발입니다. 아마 많은 분들이 각각 비슷한 비율로 선택하셨으리라 생각합니다. 그런데 만약 지금 여러분이 선택한 그꽃다발이 사실 생화가 아니라 조화라면 어떨까요? 만약 당신이 선택한 꽃다발을 바꿀 수 있다면, 그래도 처음 선택한 조화를 다시 선택하시겠습니까?

사람과 상황에 따라 다르겠지만, 조화를 선택한 대부분의 사람들은 마음을 바꿔 생화를 선택합니다. 아주 특별한 경우가 아닌 이상 사랑하는 사람에게 조화를 선물하는 사람은 찾아보기 힘듭니다. 왜 그런 것일까요? 왜 우리는 조화가 아닌 생화를 선물하려고 하는 걸까요? 심지어 조화는 시들지도 않고 지금의 예쁜 꽃모양을 영원히 유지할 텐데, 우리는 왜 이렇게 비합리적인 생화를 선택하는 걸까요? 아마 그 이유는 향기에 있지 않을까 싶습니다. 우리는 선물을 할 때 상상합니다. 선물을 받은 나의 소중한 사람이 향긋한 꽃냄새를 맡으며 행복하게 미소 짓는 모습을요. 표면적으로는 꽃을 구매하지만, 본질적으로 우리가 구매하고자 하는 것은 꽃을 받는 사람의 미소와 행복한 모습에 대한 기대, 그리고 상상입니다. 조화는 이런 상상 자체를 불가능하게 만듭니다. 비록 생화는 시들지만, 그럼에도 불구하고 생화가 품고 있는 생명력과 향기가 우리가 기대하는 진짜 가치를 대변하기 때문에 우리는 향기가 있는 꽃을 선택합니다.

또 하나의 예를 들어볼까요?

얼마 전 히든싱어라는 모창 프로그램에서 우승을 차지한 거미의 모창가수 이은아 씨는 가수 거미의 열렬한 팬인 저도 깜짝 놀랄 정도로 오리지널 가수보다 출중한 실력을 자랑했습니다. 허스키하고 살짝 비음 섞인 거미 특유의 매력적인 목소리를 완벽하게 모창하는 모습에 수많은 시청자들이 놀라지 않을 수 없었습니다. 이쯤에서 다시 질문을 하나 드리고자 합니다.

"여러분은 거미가 아닌 모창가수의
'친구라도 될 걸 그랬어' 음원을 구매하시겠습니까?"

답은 여러분의 몫입니다. 하지만 특별한 이유가 있지 않는 이상, 모창가수가 부르는 음원을 구매할 사람이 많지는 않을 것입니다. 아무리 원곡 가수를 뛰어넘는 노래 실력을 가졌다고 해도 사람들은 거미가 부르는 '친구라도 될 걸 그랬어' 음원을 구매합니다. 우리는 왜 모창가수의 음원을 구매하지 않는 것일까요?

이것은 예술분야에서도 똑같이 나타나는 현상입니다. 원작자의 결과, 또는 실연實演은 특유의 아우라를 가지게 됩니다. 발터 벤야민Walter Benjamin에 의하면 아우라는 시간과 공간의 변증법으로 이루어진 유일무이성과 일회성을 바탕으로 형성됩니다. 예술적 아우라에는 단순히 작품의 형태뿐만 아니라, 그 시간과 그 공간의 역사와 정신이 담겨있습니다. 그렇기 때문에 표면적으로는 복제기술의 발전에 따라 예술작품의 아우라가 점점 상실되어가는 듯 보이지만, 그럴수록 오리지널이 가지고 있는 아우라와 가치의 힘은 더욱 막강해집니다.

마르셀 뒤샹Marcel Duchamp의 《샘》이라는 작품을 볼까요?

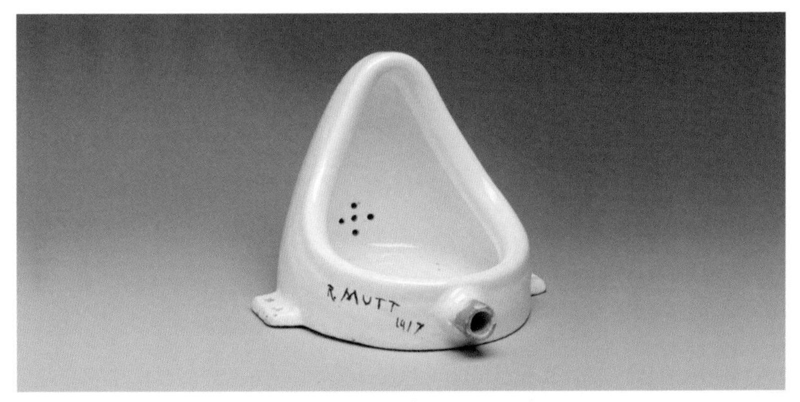

마르셀 뒤샹 《샘》 (자료 : Google)

뒤샹은 남성용 소변기에 소변기 제작사인 'R. MUTT 1917'라는 사인을 하고 미술관에 《샘》 이라는 제목으로 '작품'을 출품합니다. 물론 처음에는 전시를 거절당했지만, 지금은 이 작품으로 인해 기성품에 새로운 의미를 부여하여 예술작품으로서의 오브제Objet로 활용하여 레디메이드Ready-made라는 새로운 개념과 용어가 생겨나게 되었습니다. 저런 예술작품이라면 우리도 지금 당장 나가서 기성품을 하나 사들고 사인을 하면 되지 않을까요? 그럼 그 작품은 예술이 될 수 있을까요? 글쎄요. 이에 대한 답은 잠시 미뤄두기로 하겠습니다.

또 하나의 그림이 있습니다. 피에트 몬드리안Piet Mondrian의 《빨강, 파랑, 노랑의 구성》이라는 작품입니다. 그림만 보면 굉장히 단순합니다. 지금 저 그림이라면 누구라도 한 시간 안에 똑같이 그려낼 수 있을 것 같습니다. 오히려 뭔가 더 그럴듯하게 그려낼 수도 있을 것 같기도 합니다. 하지만 우리가 몬드리안의 그림을 보고 똑같이 따라 그린 그림, 그 작품은 예술이 될 수 있을까요?

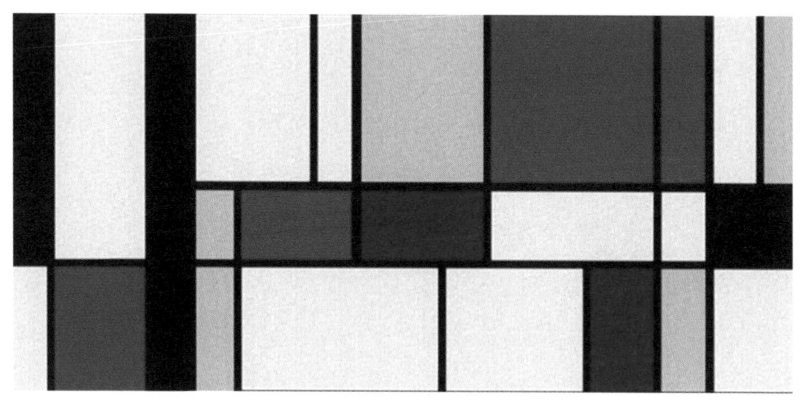

피에트 몬드리안 《빨강, 파랑, 노랑의 구성》 (자료 : Google)

물론 예술이 될 수도 있습니다. 오마주Hommage의 형식을 빌려와 새롭게 창조한다면 말이죠. 하지만 분명한 사실은 뒤샹, 몬드리안이 했던 작품과 똑같은 형태의 결과물을 만들어낸다 해도 이것을 예술로 인정받고 가치를 주장하기는 불가능할 것입니다. 앞서 이야기한 거미의 모창가수도 마찬가지입니다.

예술에서의 '가치'는 외형적인 형태로써 결과물을 지칭하거나 의미하지 않습니다. 예술은 작품의 형태와 형식으로 뿐만 아니라, 정신으로서 존재합니다. 다시 말해 정신이라는 것은 '왜'라는 질문에 대한 작가의 대답, 즉 철학입니다. 결과물이라는 형태와 눈에 보이는 형식이 문법적으로, 혹은 기호학적으로 지칭하고 있는 내면적 의미가 중요한 것입니다. 미술관에 가보면 어떤 작품을 한참 동안 들여다보는 관람객들을 찾아볼 수 있습니다. 그것이 단순한 형태의 그림이라면 한참을 들여다볼 이유가 없겠죠? 하지만 관람객들은 그 그림에 담긴 이야기를 상상해봅니다. 작가가 그림을 그렸을 당시의 그 시간과 공간을 상상하면서 의미를 추적해가는 것입니다.

'가치'라는 개념이 가치 지어지는 것에 대해 조금 이해가 되셨나요?

마지막으로 또 하나의 이야기를 이어가려고 합니다.

영국의 폴 포츠Paul Potts를 아시나요? 평범한 휴대전화 판매원이었던 폴은 볼품없는 외모, 가난과 왕따, 교통사고, 종양수술 등 온갖 어려운 상황 속에서도 오페라 가수의 꿈을 꾸며 살아가던 평범한 남성이었습니다. 그런 그는 2007년 영국 ITV 오디션 프로그램 '브리튼즈 갓 탤런트'에서 우승을 하면서 일약 스타덤에 오릅니다. 폴 포츠의 진정성 있는 모습에 전 세계 사람들은 공감과 진심어린 응원을 보냈고, 유튜브에서 1억 건이 넘는 조회수를 기록하며 기적의 목소리라는 수식어를 얻기도 했습니다.

우리나라에도 이와 같은 오디션 프로그램에서 한국의 폴 포츠로 알려진 사람이 있었습니다. 열악한 환경에서 성악을 공부해본 적도 없는 사람이 출중한 실력과 아름다운 목소리로 대중들의 마음을 사로잡았지만, 얼마 지나지 않아 그가 예고 성악과 출신이었다는 사실이 보도되고 많은 사람들이 실망한 사건이 있었습니다.

우리는 왜 그에게 실망했던 것일까요? 아름다운 목소리와 수준급의 노래 실력은 여전합니다. 예고 성악과를 나온 사실을 숨겼다는 사실 외에는 아무 것도 변한 것이 없습니다. 사실 어찌 보면 그리 큰 거짓말을 한 것도 아닌데 말이죠.

■ 가장 강력한 힘을 가진 단어

지금까지 언급한 내용들을 다시 한 번 생각해볼까요? 꽃, 모창가수, 미술품, 폴 포츠. 이들의 이야기를 길게 늘어놓는 이유는 바로 마케팅에서 이야기하는 가치가 이들이 우리에게 던져주는 메시지와 다르지 않기 때문입니다. 흔히 가치에 대해 이야기 할 때, 그리고 누군가 가치 있음을 이야기한다면 그 가치의 가장 본질적인 전제 조건은 바로 '진정성'입니다. 진정성은 사람들의 마음을 움직이는 힘을 가지고 있습니다. 아무리 기술과 테크닉, 그리고 디자인이 뛰어나도 진정성이 없는 상품과 서비스에 사람들은 마음을 주지 않습니다. 물론 가격이 월등히 저렴하거나 대체재가 없다면 어쩔 수 없이 구매할 것입니다. 하지만 기업 경영과 마케팅에 있어 상품을 단순히 저렴한 가격으로 제공하는 것에는 한계가 존재합니다. 대체재 역시 마찬가지입니다. 지금은 너무나도 많은 대체재가 존재합니다. 설령 당장은 없다 해도 비슷한 물건 하나를 더 저렴하게 찍어내는 것쯤은 그리 큰 문제도 아닌 세상입니다.

이런 환경 속에서 마케팅이 추구해야 할 본질은 무엇일까요?
바로 그 출발점에 진정성이 있습니다. 그리고 그 진정성에
가치창출의 근본적인 해답이 있습니다.

지금 여러분께 묻고 싶습니다.

지금 여러분, 혹은 여러분들의 회사에서 제공하는 상품과 서비스는,

" 벌이 몰려드는 꽃입니까? "

자료 : Getty Images Bank

" 깊은 생각에 잠기게 만드는 그림인가요? "

자료 : Wikimedia

" 그리고 눈물샘을 자극하는 진정성 있는 목소리와 스토리입니까? "

혹시 가짜 조화와 복제된 그림, 거짓된 목소리로

화려함을 좇고 있는 것은 아닌지요.

화려하게 포장하는 것이 마케팅이라는 잘못된 생각을 하고 있는 사람들이 많은 것 같습니다. 하지만 마케팅은 무언가를 더하고 포장하는 것이 아닙니다. 오히려 불필요한 포장을 벗겨내어 본질적인 가치를 심플하게 드러낼 수 있도록 하는 것입니다. 진정성이 없다면 심플해질 수 없습니다. 무언가를 감추기 위해 계속해서 가면을 덧칠해야 하기 때문입니다.

마케팅이 사람들에게, 그리고 고객들에게 의미 있는 가치를 제안하기 위해서는 '진정성'이 선행되어야 합니다. 다른 분야의 예를 들어 진정성에 대한 이야기를 했지만, 마케팅도 이와 다르지 않습니다. 마케팅에서 소통하고자 하는 가치 제안의 대상인 고객 역시, 고객이기 이전에 한 명의 인간입니다. 마케팅은 결국 인간에 대한 문제를 다루고 있는 것입니다.

"인간은 어떻게 존재하는지, 인간은 언제 행복한지,

왜 사랑이 중요한지, 어떤 의미와 가치에 공감하고

또 행동하게 되는지…"

경영과 마케팅에 대한 대부분의 논의가 정량적인 측정과 평가에 기초하고 있지만, 정작 경영과 마케팅의 근본에 해당하는 인간(고객)은 정성적인(비합리적인) 존재에 가깝습니다.

우리가 소중하게 생각하는 가치인 사랑은 어떤가요? 합리적인 사랑이라는 단어는 공존할 수 없는 개념입니다. 부모와 자식 간의 사랑, 연인 간의 사랑을 합리적인 관점에서 설명할 수 있을까요? 오히려 본능의 관점에서 논의하는 것이 설득력 있을 것입니다. 데이비드 흄David Hume은 '이성은 열정의 노예'라는 말로 자신의 철학을 대변하기도 했습니다. 인간은 이처럼 합리적인 이성만으로는 이유를 설명할 수 없는 것들에 끌리고 때로는 스스로도 알 수 없는 마음의 움직임에 따라 행동하는 존재입니다. 기업의 경영자도 인간, 그 조직에 속해있는 직원들도 인간, 그리고 상품과 서비스를 구매하는 것도 인간입니다. 이 정도면 마케팅이 경영 공학의 관점보다, 인간에 대한 철학의 관점에서 더 비중 있게 다뤄져야 하는 충분한 이유가 될 수 있지 않을까요? 인간이 어떠한 대상에 가치와 의미를 부여하는 가장 강력한 단서는 바로 '진정성'입니다. 인간은 진정성이 느껴지는 그 무언가에 본능적으로 끌립니다.

"향기 나는 꽃에 끌리듯, 한 편의 그림을 응시하듯,

누군가의 음악을 듣고 있듯…"

인문학적 마케팅 사고방식

MARKETING THINK

워렌 버핏이 미국의 대학생들에게 물었다

가치투자의 귀재라고 불리는 워렌 버핏Warren Buffett은 주식투자에 관심이 없는 사람에게도 아주 친숙한 이름입니다. 세계적인 투자회사 버크셔 해서웨이를 이끌고 있는 워렌 버핏이 생각하는 가치투자 방식을 엿볼 수 있는 글을 소개합니다.

미래 수익의 10%를 투자해야 한다면 투자하고 싶은 사람을 주위에서 골라보십시오. 가장 잘생긴 사람이나 운동을 잘하는 학생, 키가 큰 학생, 가장 날쌘 학생, 가장 돈이 많은 학생, 머리가 좋은 학생? 대부분의 사람들은 이런 학생을 고르지는 않습니다. 당신이 고르는 대상은 그들 가운데 가장 인격이 뛰어난 사람일 것입니다. 누가 가장 많은 수익을 올릴지 모든 사람은 본능적으로 알기 때문입니다. 거꾸로 당신이 가장 투자하고 싶지 않은 사람, 다시 말해 가장 수익이 떨어질 것으로 보이는 사람을 골라보십시오. 이번에도 가장 성적이 떨어지거나 운동시합이 있을 때마다 후보 신세를 벗어나지 못하고 만년 벤치만 지키고 있는 학생이나, 지능이 가장 떨어지는 학생이 아닐 가능성이 큽니다.

당신이 고르는 대상은 잔머리를 굴리고 거짓말을 하고 남의 공로를 가로채는, 신뢰할 수 없고 이기적이고 오만하며 독선적이고 신용이 없는 사람일 것입니다. 이 두 부류 사람들의 차이는 인생에서의 성공과 실패를 가르는 것입니다.

가치투자의 귀재 - 워렌 버핏 (자료 : Nati Harnik/AP Photo)

인격은 당신의 말, 행동, 옷차림, 당신이 쓴 글, 심지어 당신의 생김새 등 모든 면에서 드러납니다. 결코 숨길 수도 위조할 수도 없습니다. 숨길 수 없지만 고칠 수 없는 것도 아니니 희망을 잃지 마십시오. 인격 또한 하나의 습관이기 때문입니다.

당신이 닮고 싶은 사람의 인격적 특징을 종이 한 장에 써보십시오. 반대로 당신이 닮고 싶지 않은 사람의 특징을 써보십시오. 그리고 둘 사이의 차이를 비교해보십시오. 그것은 결코 큰 차이가 아닐 것입니다. 야구공을 100미터 넘게 던지느냐, 못 던지느냐 역기를 100킬로 넘게 드느냐 마느냐의 차이가 아닐 것입니다. 거짓말을 하는가, 안 하는가. 마음대로 말을 내뱉는가, 한 번 더 생각을 하는가. 남을 배려하는 말투인가, 남을 무시하는 말투인가. 조금 더 신경 써서 일하는가, 조금 더 게으르게 행동하는가. 잘못을 저질렀을 때 정직한가, 아니면 둘러대며 남 탓을 하는가. 이와 같이 작은 차이가 나중엔 엄청난 차이를 만들어냅니다.

여러분이 아직 젊었을 때 닮고 싶은 인격을 조금만 신경 써 연습한다면, 머지않아 당신의 인격으로 만들 수 있을 것입니다. 인격 또한 습관이기 때문입니다. 습관은 처음엔 깃털 같아 결코 느낄 수 없지만 나중엔 무거운 쇳덩이 같아져 결코 바꿀 수 없습니다. 내 나이 때 습관을 고치는 것은 거의 불가능에 가깝습니다. 여러분은 젊습니다. 아직 충분한 기회가 있습니다. 그러니 정직하십시오. 어떠한 경우에도 거짓말하지 마세요. 변호사가 뭐라고 하든 신경 쓰지 마세요. 그저 자기가 보는 그대로 풀어놓으십시오.

저의 성공에는 우리 '버크셔 해서웨이' 의 평판 덕이 큽니다. 저는 제 사람들에게 법의 테두리보다 훨씬 더 안쪽의 경계선에서 행동하며, 우리에게 비판적이고 또한 영리한 기자가 우리의 행동을 신문에 대서특필할 수 있을 정도로 행동하길 바랐습니다. 저는 지사장들에게 2년에 한 번 이와 같은 메시지를 줍니다.

'여러분은 돈을 잃어도 상관없습니다. 큰 액수여도 괜찮습니다.
하지만 평판을 잃지 마십시오. 인격을 잃지는 마십시오. 우리에겐 돈을 잃을
여유는 충분히 있으나 평판을 잃을 여유는 조금도 없습니다.'

여러분들은 아직 젊습니다. 지금의 모습보다 훨씬 나아질 가능성이 충분합니다. 결코 돈 때문에 직장을 선택하거나 사람을 사귀지 마십시오. 여러분이 좋아하는 직업을 갖고 좋아하고 존경할 만한 사람만을 사귀십시오.

저는 아무리 큰돈을 벌어준다고 해도 도덕적으로 믿을 수 없고 신용이 가지 않는 사람과는 함께 사업을 하지 않습니다. 그것은 언젠가는 '뱉어내야' 한다는 걸 알고 있기 때문입니다. 저는 1년 내내 제가 좋아하는 일을 제가 좋아하는 사람들과 함께 합니다. 제 속을 뒤집어 놓는 사람과는 상종도 안하죠. 결국 가장 중요한 것은 이것이라고 생각합니다. 이것이 제 원칙입니다. 금전적으로 성공하는 것은 두 번째의 일입니다.

전 가난했던 젊은 시절에도 저는 충분히 행복했고 지금처럼 제 일을 사랑했습니다. 가난했던 때와 조금은 부유해진 지금과 바뀐 것은 별로 없습니다. 여러분들이 좋아하는 일을 즐겁게 하고 성실히, 그리고 정직하게 생활한다면, 거기다 유머 또한 잃지 않고 하루를 유쾌히 감사한다면 여러분은 반드시 성공할 겁니다.

- 워렌 버핏이 대학생들에게

가치혁신의 비밀

■ 마케팅 관점에서의 '가치'

여기까지 오시느라 정말 수고 많으셨습니다. 지금까지는 앞으로 이어질 내용과 이야기를 더 많이 공감할 수 있도록, 왜 그래야만 하는지에 대한 몇 가지 규칙과 배경을 설명하고 생각을 공유하는 시간을 가졌습니다. 이제 그동안 함께 나누었던 생각들을 마케팅이라는 테두리 안으로 그대로 옮겨 본격적으로 논의를 시작해보겠습니다.

우리가 흔히 생각하고 있는 가치와, 경영이라는 테두리 그리고 마케팅 전략의 관점에서 논의되는 가치의 관점은 조금 다릅니다. 마케팅에서는 '가치 있다'는 것을 어떻게 정의하고 있을까요? 답은 다음과 같습니다.

VALUE　BENEFIT　COST

V = (B > C)

가치 = 편익 > 비용

"편익이 비용보다 클 때, 가치가 있다." = "비용보다 편익이 클 때, 가치가 있다."

"비용이 편익보다 클 때, 가치가 없다." = "편익보다 비용이 클 때, 가치가 없다."

가치[Value] = 편익[Benefit] > 비용[Cost]. 편익이 비용보다 클 때, 가치가 있다고 표현합니다. 당연히 편익보다 비용이 크면 가치가 없는 것입니다. 예를 들어 고객들에게 전달하는 편익이 10만 원이고, 고객들이 부담하는 비용이 8만 원이라면 2만 원만큼의 가치가 있는 것이겠죠? 반대로 편익이 8만 원이고 비용이 10만 원이라면 가치는 -2만 원으로, 고객들이 이 상품과 서비스를 구매하거나 이용함으로써 지불해야 하는 비용이 편익보다 크기 때문에 가치가 없는 것입니다. 그런데 어떤가요? 편익과 비용을 정량적인 숫자로 딱 잘라서 상품과 서비스의 가치가 얼마인지 환산할 수 있을까요? 편익과 비용을 숫자로 표현하는 것은 쉽지 않습니다. 편익과 비용을 구성하고 있는 각각의 요소 자체가 가지고 있는 특성 때문입니다. 바로 이것이 마케팅에서 딱 떨어지는 정답이 존재할 수 없는 이유이기도 합니다.

그렇다면 편익과 비용에 대해 살펴보겠습니다. 지금까지 편익이라는 단어를 무심코 써왔지만, 만약 누군가 다음과 같이 묻는다면 어떻게 대답하시겠습니까?

"편익이란 무엇인가요?"

편익이란 고객이 얻을 수 있는 혜택입니다. 즉, 소비자들이 제품 구매나 경험을 통해 얻고자 하는 주관적 보상이나 기대를 의미합니다. 고객이 얻을 수 있는 혜택을 몇 가지로 나누어 구분할 수 있습니다. 크게 다음과 같은 편익으로 나누어 볼 수 있습니다.

"기능적 편익, 정서적(심리적·상징적)편익,
경험적 편익, 사회적 편익"

■ 마케터가 버려야 할 가치 - 기능적 편익

기능적 편익은 주로 우리들의 필요[Needs]에서 비롯되는 문제들을 해결하고 충족시켜주는 요소로, 상품이나 서비스를 소비하고 사용함으로써 얻는 직접적 편익입니다. 예를 들어 자동차의 기능적 편익은 가장 기본적인 이동, 그리고 내부의 적재 공간, 토크, 마력, 연비 등이 있습니다. 또 스마트폰이 제공하는 기능적 편익 요소는 전화, 카메라, 메신저 등의 기능과 이들 요소의 속도와 품질일 것입니다. 기능적 편익은 이러한 것들을 통해 고객들의 문제를 해결하고 가치를 제안합니다. 기능적 편익은 측정을 통한 정량화가 비교적 쉬운 요소입니다. 영국의 산업혁명 직후, 생산수단 자체가 희소한 자원이자 차별화의 원천이었습니다. 생산수단이 특권이자 권력이었던 18세기 중엽부터 20세기에 이르는 기간 동안 기능적 편익은 경쟁우위의 기반이 되는 핵심역량으로 자리 잡았습니다. 다른 누군가가 기능 자체를 빠르게 모방하거나 개발하는 것이 쉽지 않았기 때문에 오직 기능적 편익을 기반으로 한 차별화가 가능할 만큼 기술의 성숙도가 낮을 수밖에 없었던 것입니다.

하지만 이제 기능적 편익은 거의 모든 산업분야에서 차별화의 원천으로 작용하기 어렵게 되었습니다. 기업들의 기술수준과 품질이 상향평준화되고, 어떠한 기술과 기능이든 아웃소싱을 통해 쉽게 구현할 수 있는 인프라가 갖춰졌기 때문입니다. 하지만 현업에서 마케팅 전략을 수립하다보면 기능적 편익에 의한 차별화는 본능적으로 거부하기 힘든 요소 중 하나입니다. 그만큼 가장 강력하고 한방이 있는 차별화 지점이기도 합니다. 하지만 마케터로서 지속가능하고 차별화된 마케팅 전략을 수립해야 한다면, 기능적 편익에 의한 차별점은 과감하게 가장 먼저 마음속에서 지워야 할 요소일 것입니다.

예를 들어 지금보다 특정 통신사의 통신망 속도가 2배 더 빨라진다거나, 특정 브랜드의 스마트폰 CPU 성능이 지금보다 2배 더 빨라진다 해도 이것이 지속가능한 본원적인 경쟁우위로 자리매김할 가능성은 제로에 가깝습니다. 좀 더 극단적으로 이야기하면 아무런 의미가 없는 차별점인 셈입니다. 첫째로는 한계효용체감의 법칙Law of diminishing marginal utility [7]에 따른 효용감소입니다. 이미 충분히 빠른 속도에 배를 더해도 고객이 그 가치를 체감하기 어렵다는 것입니다. 둘째로 기능적 편익은 상대적으로 모방이 쉽기 때문입니다. 일시적으로 기능적 편익에 의한 차별점을 도출하더라도 이것은 지속가능한 차별점으로 작용하기 힘듭

7) 한계효용체감의 법칙 : 좋아하는 음식도 계속 섭취하다보면 배가 부를수록 처음 느꼈던 만족감을 계속해서 느끼지 못합니다. 즉, 소비량은 늘지만 그로 인한 만족감은 점차 줄어드는 것인데요. 이처럼 소비자가 재화나 서비스를 더 소비할 때 느끼는 만족감인 한계효용이 작아지는 것을 '한계효용체감의 법칙'이라고 합니다.

니다. 그렇기 때문에 현재 기능적인 차별점을 통해 시장에서 경쟁우위를 확보한 기업이 있다면, 마케팅 전략의 측면에서 기능적 편익이 아닌 앞으로 설명하게 될 다른 요소들의 의한 무형적 혹은 인문학적 차별점과 경쟁우위를 구축할 필요가 있습니다. 물론 기능적인 측면이 회사의 핵심역량이라면 실제 내부적으로는 이를 지속적으로 개발하여 경쟁사와 격차를 유지하는 것이 반드시 필요합니다. 지금 이 이야기는 기능적·기술적 요소가 대동소이하고 시장과 기술이 성숙기에 접어든 완전 경쟁시장에서의 마케팅을 전제로 하고 있습니다.

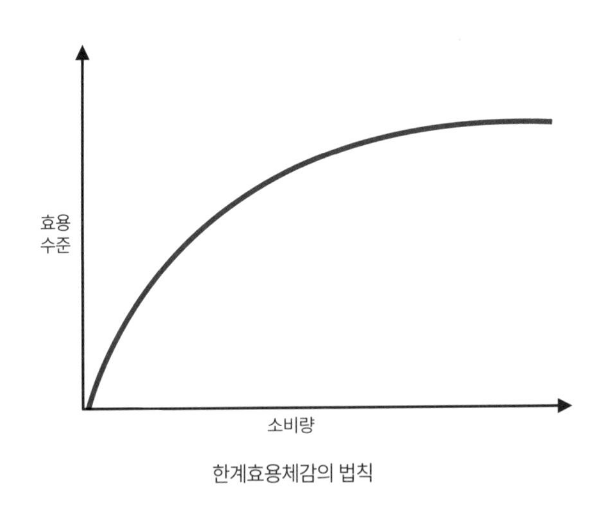

한계효용체감의 법칙

■ 한계효용이 존재하지 않는 지점 - 정서적 편익

정서적 편익은 심리적 편익, 또는 상징적 편익이라고 합니다. 연구하는 학자나 학문분야에 따라 이를 구분하거나 쓰는 용어에 다소 차이를 보입니다. 그러나 지금 우리가 함께하는 고민이 용어의 미묘한 의미를 학문적으로 분류하고자 하는 것이 아니기 때문에 심리적 상징적 편익까지 '정서적 편익'이라는 틀 안에서 함께 이야기하도록 하겠습니다.

정서적 편익은 고객의 내면적인 문제를 해결해 주는 편익입니다. 고객의 내면적인 문제는, 앞서 기능적 편익이 당장 발생하거나 발생할 것으로 예상되는 표면적이고 단선적인 문제에 대한 가치제안과는 다르게 사회학적 관계와 나를 나로서 존재하게 만드는 자존감이라는 요소가 이면에 깔려있습니다. 예를 들어 시간을 확인하고 싶다는 고객의 문제를 해결해줄 수 있는 제안에는 어떤 것들이 있을까요? 스마트폰, 손목시계, 벽걸이 시계 등의 다양한 문제해결 방법이 있을 것입니다.

우리가 가지고 다니는 스마트폰은 훌륭한 시계의 역할을 하고 있습니다. GPS와 통신망을 기반으로 하고 있기 때문에 시계의 오차는 물론 전 세계의 시간을 정확하게 확인할 수 있습니다. 기능적 편익의 관점에서 손목시계, 또는 스마트워치에 대한 가치제안은 의미가 없습니다. 하지만 스마트폰과 전자시계에 비해 시간이라는 기본적인 기능조차 오차가 날 수 밖에 없는 고가의 수동·오토매틱 명품시계를 구입하는 사람들은 어떻게 설명을 해야 할까요? 왜 저렴하면서도 실용적인 가방을 제쳐두고 명품가방을 구입하는 것일까요? 어차피 최고속도로 달리지도 못할 자동차의 속도와 제로백, 그리고 스포츠카의 섹시한 디자인은 왜 고객들의 마음을 설레게 하는 걸까요? 기능적인 역할은커녕 오히려 불편하기만 한 넥타이 등의 의복과 패션, 그리고 뷰티시장을 움직이는 가치제안, 그것은 바로 정서적 편익입니다.

"정서적 편익의 핵심적인 가치제안은 '의미부여' 입니다."

정서적 편익의 가치제안을 훌륭하게 전달하는 상품과 서비스는 고객의 현재 상태를 드러내거나, 고객이 추구하고자 하는 가치를 넌지시 증명합니다. 다시 말해 내가 누구인지를 알려주는 단서입니다. 이는 사회적 지위가 될 수도 있고, 자아의 표현이 될 수도 있습니다. 몽블랑 만년필은 성공, 할리데이비슨 오토바이는 자유를 상징합니다. 도요타의 프리우스를 탄다는 것은 지구와 환경을 사랑한다는 증거이며, 스티브 잡스의 애플을 그리워하고 애플의 상품들을 소비한다는 것은 변화와 혁신에 대한 갈망을 표현하는 것입니다. 이렇듯 고객들이 소비에도 의미를 부여하기 시작하면서 정서적 편익에 의한 가치제안은 시간이 갈수록 중요해지고 있습니다. 브랜드라는 개념이 구체화되고, 상품과 서비스에 생명력을 불어넣는 브랜드의 인격화는 마케팅의 중요한 미션이 되었습니다. 생산과 소비를 통해 주체의 흔적을 남김으로써 타인과 구별되는 자아를 증명하고 확인하려는 인간의 욕구는 사실 마르크스, 소쉬르 등의 구조주의 철학에서 이미 충분히 논의되고 있는 부분입니다. 특히 마케팅에서 인간과 역사를 조망하는 구조주의적 관점은 인간의 자의식과 소비에 대한 사회학·심리학적 작동 방식을 설명해줌으로써 의미 있는 시사점을 던져주고 있습니다.

정서적 편익과 소비를 통해 자기 자신을 특정한 사람으로 규정하고자 하는 자아 표출의 욕구와 욕망을 추구하는 사람들이 많아졌다는 사실은 반대로 인간이 만든 인류라는 부산물에 의해 인간 스스로가 얼마나 소외되고 있는지를 보여주는 반증입니다. 안타깝게도 소비가 존재를 증명하는 방식으로 인간이 소비에 의해 규정당하는 시대가 되어버린 셈입니다.

하지만 마케팅을 논하고 있는 우리들에게 정서적 편익을 통한 가치제안은 두 가지의 가능성을 열어주고 있습니다. 첫째로 이제 상품·서비스를 반드시 필요로 하지 않는 사람에게도 이를 판매할 수 있는 가능성이 매우 커졌다는 사실입니다. 둘째, 마케팅을 통해 단순히 상품과 서비스를 판매하는 것이 아니라 이제는 고객들에게 삶의 의미와 가치를 부여하고 존재 방식을 제안함으로써 세상을 바꿀 수 있는 기회가 주어졌다는 것입니다. 정서적 편익은 고객들의 소비에 의미를 부여합니다. 단순히 의미 없는 기표에 불과할 수 있는 상품과 서비스에 철학을 투영시킴으로써 기표와 기의를 획득한 상품과 서비스가 사회에 통용되는 하나의 언어가 될 수 있도록 하는 것입니다.

■ 경험하면 소유하고 싶다 - 경험적 편익

경험적 편익은 말 그대로 상품과 서비스를 소비하는 과정에서 경험할 수 있는 즐거움, 기쁨, 놀라움 등 긍정적인 느낌이나 감정을 의미합니다. 어떻게 보면 앞서 설명한 정서적 편익과 겹치는 부분이기도 합니다. 하지만 이 점을 따로 떼어 설명하는 것은 고객경험이라는 용어와 개념이 갈수록 마케팅에서 중요해지고 있기 때문입니다.

고객경험이라는 말을 들어보셨나요? 고객이 상품이나 서비스를 소비하기 전부터 사용하고 난 후의 모든 과정에서 느끼는 모든 경험을 이야기합니다. 경험은 해당 상품과 브랜드에 대한 태도에 영향을 미칩니다.

특히 감정을 기반으로 하는 고객경험은 그 성격이 긍정적이든 부정적이든(특히 부정적인 정보는 긍정적인 정보에 비해 훨씬 더 빠르게 전파되므로 주의해야 합니다) SNS 등의 개인 채널을 통해 쉽게 드러나고 공유되는 특징이 있습니다.

여행, 대표적인 경험재 (자료 : Unsplash)

경험적 편익은 주로 여행이나 놀이공원, 또는 공연을 관람하거나 영화를 보고 또 게임을 즐기는 등의 경험재에서 명확하게 드러납니다. 이 밖에 서비스가 아닌 상품의 경우도 사용경험에서 오는 긍정적인 감정과 느낌이 있을 수 있습니다. 혹시 만년필을 사용해본 경험이 있는 분들이라면 사각거리는 만년필 특유의 필기감에서 오는 경험적 편익을 이해할 수 있을 것 같습니다. 아니면 자동차의 경우는 어떨까요? 브랜드마다 추구하는 경험이 다 다릅니다. 경험적 편익을 극대화시키기 위해 엔진 소리까지 신경 써서 튜닝하기도 합니다. 편안함을 추구하는 렉서스, 다이내믹을 추구하는 BMW, 럭셔리를 추구하는 벤츠와 같이 어떤 경험적 편익에 초점을 맞추느냐에 따라 상품 개발과 마케팅의 방향이 달라지기도 합니다. 최근 신사동 가로수길 같은 곳에는 경험적 편익을 먼저 제공하여 고객에게 긍정적인 감정을 심어주고 이를 통해 구매, 혹은 바이럴을 유도하는 팝업스토어가 유행하고 있습니다. 팝업스토어를 위한 임대 매장이 따로 존재할 정도라고 합니다. 특히 화장품 브랜드들은 팝업스토어를 통한 고객경험 자체를 브랜드 자산으로 활용하고자 많은 노력을 기울이고 있습니다. 상품을 실제로 만져보거나 경험한 고객은 그렇지 않은 고객에 비해 구매 확률이 높아진다는 점에 착안한 것입니다. 구매 이전 단계에서 소비자가 경험적 편익을 먼저 느껴볼 수 있는 체험 마케팅을 실시하고 있는 것이죠. 또한 화장품의 발림성이나 향, 밀착력과 같이 사용자가 직접 사용하면서 느낄 수 있는 세세한 항목들까지 경험적 편익 제공을 통해 가치를 극대화시키고자 하는 것입니다.

■ 착해야 살아남는다 - 사회적 편익

사회적 편익 역시 정서적 편익과 연결되어 있습니다. 하지만 지금 여기서 이야기하는 사회적 편익은 사적(개인적) 편익이 아닌 사회 전체적인 편익입니다. 가장 대표적으로 상품의 가치사슬 내의 활동이 환경을 보호한다는 가치제안을 통해 지속가능한 지구라는 가치제안을 하는 것입니다. 정서적 편익의 핵심적인 가치제안은 의미부여입니다. 사회적 편익의 가치제안도 마찬가지입니다. 다만 그 내용이 개인적 의미부여가 아닌, 사회적 의미부여로 좀 더 거시적인 가치제안이라는 점에 차이가 있습니다. 사회적 편익에 따른 가치제안은 다음과 같은 것들이 있습니다. 스타벅스, 나이키 등이 저개발국가의 노동력을 부당하게 착취하여 신발을 제조하거나 커피에 사용하는 원두를 생산하지 않겠다는 선언과 약속이 담긴 기업들의 공정무역, 오염물질 배출을 줄이고 환경보호에 앞장서겠다는 각종 회사들의 자발적 온실가스 감축 등이 있습니다. 사회적 편익은 일종의 공익적, 도덕적 성격을 가진 편익입니다. 윤리적 소비는 정서적 편익과 직접적으로 연결되어 있는 항목으로 소비에서 의미가 중요해질수록 부각되는 가치입니다. 사회적 편익은 기업의 CSR·CSV 활동에 따라 진정성을 가지고 사회적 책임과 의무를 이행하는 기업이 자연스레 제안할 수 있는 가치겠죠? 국내 유한킴벌리의 '우리 강산 푸르게 푸르게'라는 캠페인은 CSR과 사회적 편익을 연결시켜 소비자들에게 가치제안을 한 유명한 사례입니다. 유한킴벌리는 나무를 베어 환경을 파괴하는 대표적인 산업인 제지·펄프산업의 부정적인 점을 상쇄하기 위해 환경을 위한 캠페인으로 가치제안을 했습니다. 이를 통해 소비자에게 긍정적인 기업 이미지를 각인시키고 브랜드 자산 가치를 견인했다는 점에서 사회적 편익에 의한 가치제안의 중요성을 확인할 수 있습니다.

지금까지 기능적, 정서적, 경험적, 사회적 편익에 대해 이야기했습니다. 편익을 분류하기는 했지만 상호 간에 겹치는 부분도 상당히 많습니다. 사실 고객이 느끼는 편익을 몇 가지 항목으로 분류하여 나누는 방식은 현실적으로 그리 합리적이지 않습니다. 인간이 편익을 통해 느끼는 가치들이 다분히 정서적이고 경계가 명확하지 않기 때문입니다. 마케팅은 인문철학에 가깝습니다. 그럼에도 불구하고 이러한 방식의 분류가 필요한 이유는 글을 쓰는 저와 읽고 있는 여러분 사이에 합의해야 할 인식적인 경계와 용어들이 필요했기 때문입니다.

그럼 비용에 대한 설명을 시작해보겠습니다.

비용이라 하면 가장 먼저 무엇을 떠올리시나요? 아마도 십중팔구 '돈'이라는 경제적인 개념일 것입니다. 경제적인 관점에서 비용은 가장 기본적이고 필수적인 항목입니다. 하지만 비용을 경제적인 개념으로만 이해하고 있다면 어떨까요? 가치를 위해, 가격을 낮추는 일밖에 할 수 없을 것입니다. 가격을 낮추는 것은 지속가능한 전략이 아닙니다. 바람직한 전략은 더더욱 아닙니다. 물론 원가우위를 핵심역량으로 하고 있는 월마트나 이케아 같은 기업들이 있지만 실상 이런 기업들의 본질적인 경쟁력은 가격이 아니라 가치입니다.

가치, 기억하시죠? 'V=(B>C)'

그렇다면 비용에는 어떤 것들이 있는지 살펴보겠습니다.

"경제적 비용, 시간적 비용, 신체적 비용, 심리적 비용"

■ 비용이 화폐로 상상된다면? - 경제적 비용

경제적 비용은 말 그대로 경제적인 효용을 통해 고객들에게 가치제안을 하는 항목입니다. 고객의 편익을 증가시켰을 때 가치는 상승합니다. 그러기 위해서는 고객의 비용을 낮춰야 할 것입니다. 고객의 비용을 최소화시켰을 때, 전체적인 가치는 극대화됩니다. 그중에서도 경제적 비용은 사실 가장 근본적이고 강력한 항목입니다. 우리가 비용을 연상할 때 바로 '돈'을 떠올리는 것처럼 '돈'이라는 항목은 직관적이고 비용이라는 개념으로 바로 다가오는 단어이기 때문입니다. 고객의 경제적인 비용을 일시적으로 혹은 구매상황에 따라 낮춰주는 것에는 4P Product, Place, Price, Promotion 관점의 프로모션이나 상품전략 측면에서의 다양한 방법이 있습니다. 여러 개의 상품과 서비스를 하나로 묶어 판매하는 번들링을 한다거나, 오랫동안 거래를 지속한 고객 또는 대량구매 고객에게 할인을 해주거나, 시간과 장소에 따라 고객의 비용을 낮춰주는 것과 같습니다. 사실 고객의 경제적인 비용을 낮춤으로써 가치를 상승시키는 원가우위에 대한 생각은 제일 먼저 할 수 있는 생각입니다. 하지만 가격인하라는 프레이밍의 유혹에 흔들리기 시작하면 창의적인 생각과 전체적인 가치를 조망하는 시야를 흐리게 됩니다.

과감하게 다음과 같은 제안을 하고 싶습니다. 비용의 개념에서 '돈'이라는 개념을 완전히 지워버리는 것입니다. 그냥 원가우위라는 개념 자체가 없다고 생각해버리는 것이죠. 가격을 낮추는 것을 고민하기보다, 오히려 가격을 높일 수 있는 방법을 생각하는 것이 마케팅적인 사고방식에 더 많은 도움이 될 수 있습니다. 무엇보다 고객의 경제적 비용을 낮출 수 있는 방법이 있다면 꼭 여러분이 그 생각을 하지 않더라도 다른 누군가는 24시간 동안 그 생각만을 하고 있을 것이므로, 마케팅을 하는 우리들까지 똑같은 고민을 하고 있을 필요가 없습니다.

이제부터 여러분들과 저에게 원가우위라는 단어는 없습니다. 애초부터 경제적 비용을 낮춰줌으로써 고객에게 가치제안을 하는 방법은 존재하지 않는다고 생각해봅시다. 이것은 이미 수천수만 번 시도되었고, 이미 실행하고 있는 가치제안일 것입니다. 그렇다면 마케팅을 하는 우리들이 집중적으로 고민하고 생각해봐야 하는 비용은 무엇이 있을까요?

■ 시간은 돈보다 소중하다 - 시간적 비용

인간의 삶에서 가장 소중한 자산은 무엇일까? 돈일까요? 아닙니다. 바로 시간입니다. 시간이야말로 인간에게 진정 소중하고 가치 있는 자산입니다. 누구에게

나 24시간이 주어지지만 이 시간을 어떻게 보내는지에 따라 각자 다른 삶을 사는 걸 목격하게 됩니다. 시간이라는 자산 자체도 중요하지만, 시간이라는 자산을 소중하다고 생각할 수 있는 사고방식이 더 중요합니다. 따라서 고객의 시간적 비용을 아껴주는 것은 가치를 높이는 중요한 항목 중 하나입니다. 쿠팡의 경우를 살펴볼까요? 이미 고객의 경제적 비용을 낮추기 위해 경쟁적으로 가격을 낮추는 소셜커머스 시장에서 어떻게 더 많은 '비용'을 낮출 수 있었을까요?

쿠팡은 소프트뱅크에서 투자를 유치하여 로켓배송이라는 서비스를 실시합니다. 자체 물류 센터와 배송 시스템을 구축하여 쿠팡맨이 직접 고객에게 배송해주는 서비스입니다. 수도권의 경우, 주문한 지 3~4시간 만에 집으로 상품이 배송되는 빠른 서비스로 경쟁사와 차별화하고 고객가치를 높이고 있습니다. 쿠팡이 비용의 관점에서 하고 있는 가치제안은 단순히 '빠르다'는 것이 아닙니다. 바로 '고객의 시간을 아껴준다'는 개념인 것이죠. 이것이 바로 경제적 비용이 아닌 고객의 '시간적 비용'을 낮춰줌으로써 전체적인 가치를 창출하는 하나의 방법입니다. 시간적 비용의 또 다른 예는 바로 강력한 '브랜드'로 인한 고객의 시간적 비용 감소입니다. 우리가 흔히 말하고 사용하는 브랜드의 가장 기본적인 역할은 바로 품질에 대한 사전적 보증(지각된 품질)입니다. 유명한 브랜드의 경우, 해당 브랜드의 상품이나 서비스를 이용하려고 할 때 그것의 품질 자체를 의심하거나 사후 서비스에 대한 불안감으로 구매를 망설이는 경우는 거의 없을 것입니다. 개인적으로 선호하는 상품 서비스는 별다른 망설임 없이 구매하곤 합니다. 하지만 전혀 알려지지 않은 브랜드의 상품을 구매하려면 해당 브랜드의 품질, A/S 등 다양한 정보를 수집해야 할 것입니다. 이렇게 상품·서비스를 알아가기 위해 고객이 투자하는 시간 자체가 비용에 해당합니다.

이렇듯 고객의 시간적 비용이 늘어난다면 브랜드의 전체적인 가치는 하락하게 될 것입니다. 구매의사결정 과정에서의 시간을 단축시켜줌으로써 고객의 시간적 비용을 낮추는 것, 바로 기업에서 엄청난 투자를 통해 브랜드를 개발하는 이유이기도 합니다.

시간적 비용을 통해 가치제안을 하는 또 다른 사례는 바로 큐레이션Curation 서비스입니다. 최근 우리나라에 스타트업Start-up [8] 열풍이 불고 있습니다. 정부에서도 이를 지원하고 육성하기 위해 많은 노력을 기울이고 있습니다. 저 역시 뷰티 관련 SNS 서비스를 개발하기 위해 스타트업을 꾸리기도 했습니다. 스타트업 업계에는 이런 말이 있습니다. '뭐든지 큐레이션하면 그것은 사업모델이 된다.'

너무 많은 선택과 옵션이 존재하는 공급과잉의 시대에 고객에게 최적화된 상품과 서비스를 추천하고 안내해주는 것이 바로 큐레이션의 핵심입니다. 뉴스, 책, 부동산, 패션, 뷰티, 공연, 영화 등 수많은 콘텐츠가 존재하는 카테고리를 중심으로 각각의 고객들에게 적합한 맞춤형 콘텐츠를 큐레이션해주는 서비스들이 빠른 속도로 늘어나고 있습니다. 큐레이션은 선택에 어려움을 겪는 고객들이 일일이 비교하고 알아보는 수고를 덜고, 이를 통해 의사결정에 걸리는 시간적 비용을 절감할 수 있게 해줌으로써 가치를 하는 대표적인 서비스입니다.

이 밖에도 고객의 시간적 비용을 줄여줌으로써 고객가치를 창출한 분당서울대학교병원 건강검진센터의 프로세스 혁신에 관한 사례가 있습니다. 바로 플로우 솔루션Flow solution이라는 시스템입니다. 보통 건강검진을 받으러 가면 검사가 진행되는 순서가 있습니다. 예를 들어 소변 검사, 피 검사, 내시경 검사, X선 검

8) 스타트업 : 설립한 지 오래되지 않은 신생 벤처기업을 뜻하며 미국 실리콘밸리에서 생겨난 용어입니다.

사, 구강 검사 등 검진 내용에 따라 다양한 검사를 받게 됩니다. 그런데 문제는 검진센터에서 하는 검사 순서가 정해져 있어 어느 한 가지 검사에서 시간이 지체되면 병목현상이 일어난다는 것입니다. 뒤에서 검사를 기다리고 있는 고객들은 줄을 서있는데 정작 그 다음 단계의 검사를 진행하는 진료실은 비어있게 되는 것이죠. 대부분의 건강검진센터는 이런 프로세스에서 발생하는 시간적 비용에 따른 가치하락을 크게 고민하지 않았습니다. 아마 그동안 계속 이어져온 선형적인 방식의 프로세스를 당연하게 생각하고 있었을 것입니다. 사실 관습적으로 진행되어 온 일상적 습관, 즉 휴리스틱을 벗어나 생각하기란 쉽지 않습니다. 하지만 분당서울대학교병원은 이러한 프로세스에 의문을 갖고 건강검진의 순서를 바꿔보는 시도를 한 것입니다. 방법은 아주 간단합니다. 건강검진이 필요한 항목의 순서를 정해놓지 않고 비어있는 진료실이 있으면 대기하고 있는 고객을 호출하여 바로바로 검사를 진행하는 것이었습니다. 결과적으로 고객의 대기시간은 2배 이상 단축되었습니다. 업무적 효율이 높아진 것은 물론입니다. 이 작은 생각의 전환이 고객의 시간적 비용을 낮춰주고 가치를 창출해낸 것입니다. 고객의 시간적 비용을 낮춰주고 가치를 제안하는 방식에는 수많은 아이디어가 존재합니다. 다만, 이를 위해서 '비용=돈'이라는 직관적인 생각을 버리고 비용에 대한 개념을 스스로에게 새롭게 인식시키는 작업이 필요합니다.

■ 그냥 몸으로 때우겠어요 - 신체적 비용

신체적 비용은 시간적 비용과 다소 겹치는 부분이 있습니다. 우리가 포장이사를 이용하는 것을 생각하면 좀 쉬울 것 같습니다. 직접 이삿짐을 포장하고 나를 수는 있지만 따로 전문가에게 맡기는 것이 시간적으로나 육체적으로 더 낫다는 판단하에 서비스를 이용하는 것입니다. 방문 A/S나 할인마트의 배달 서비스 등은 고객의 시간적·신체적 비용을 낮춰줌으로써 가치를 제안하는 형태입니다. 재미있는 점은 이와 반대로 신체적 비용을 고객에게 전가시키고 경제적 비용을 낮춰주는 비즈니스 모델이 있다는 것입니다. 대표적인 곳이 바로 스웨덴의 가구업체 이케아입니다. 이케아는 별도로 제공하는 유료 배송서비스를 신청하지 않으면 직접 가구를 운반해야 할 뿐만 아니라, 모든 가구의 조립을 고객이 직접 해야 합니다. 완성품이 아닌 조립을 위한 패키지로 부피를 줄이면서 물류 및 재고관리 등의 유통 비용을 줄이는 것으로 고객들이 부담하는 경제적 비용을 낮추는 것이죠. 대신 고객은 가구를 운반하고 직접 조립해야 하는 시간적·신체적 비용이 증가하는 것을 감수해야 합니다. 이케아의 방식은 비용의 관점에서 새로운 가치를 창출할 수 있는 하나의 가능성을 보여주었습니다. 많은 산업과 비즈니스에서 이케아와 같이 비용에 대한 해석의 관점을 달리하는 가치제안으로 다양한 혁신이 이뤄지길 기대합니다.

■ 좋은 것보다 좋게 느껴지는 것 - 심리적 비용

최근 마케팅에서 행동경제학이라는 분야가 주목받고 있습니다. 심리적 비용을 이해하고 이를 통해 고객의 문제를 해결하는 가치제안을 하기 위해서는 행동경제학을 이해할 필요가 있습니다. 행동경제학은 인간의 의사결정에 영향을 미치는 요인들을 심리학, 사회학 등의 관점에서 바라보고 있는 경제학의 한 분야입니다. 일반적인 경제학 외에 따로 행동경제학이라는 분야가 생겨나게 된 원인은 바로 인간의 비합리적인 의사결정 때문입니다.

기존 경제학은 '인간은 합리적인 의사결정을 한다'는 전제에서 출발하지만,

행동경제학은 '인간은 때론 비합리적이고 감정적인 의사결정을 한다'는 예외성에 초점을 두고 있습니다. 어느 쪽이 더 설득력 있다기보다 이 둘을 서로 상호보완적인 관계로 보면 좋습니다. 고객이 느끼는 심리적 비용 역시 인간의 비합리적이고 감정(또는 본능)적인 의사결정에 기반하고 있습니다.

실제 회계와 같이 인간에게도 심리적 회계장부Mental accounting가 있습니다. 지출과 수입 등의 계정이 마음속에 존재하는 것입니다. 그런데 이 마음속의 회계장부는 실제 기업의 회계처럼 합리적인 것이 아니라, 때로는 완전히 상식을 벗어나는 계산방식을 취하고 있습니다. 예를 들어 길거리에서 주운 돈 10만 원과 월급 10만 원의 경제적 가치는 같지만, 심리적 회계에서 이를 똑같은 가치로 처리하지 않는다는 것입니다. 주운 돈 10만 원은 마음속의 '공짜'라는 임시계정에 들어가 쉽게 쓰게 되지만, 월급 10만 원은 '수입'이라는 계정에 속하기 때문에 그처럼 쉽게 소비하지 않는다는 이야기가 됩니다. 복권에 당첨되거나 도박 등으로 얻은 수익도 심리적 회계장부에서 공짜라는 임시계정에 속하게 되니 마찬가지겠죠?

백화점 세일보다 상품권 행사에 더 큰 반응을 보이는 고객들, 주식투자에서 투자한 원금의 손실을 입었을 경우 쉽게 손절매하지 못하는 이유도 심리적 회계장부에 의한 감정적 의사결정에서 비롯됩니다. 심리학·경제학에서는 이런 것들을 프레이밍 효과, 앵커링 효과, 매몰비용의 오류라는 용어로 설명하고 있습니다. 마케팅을 하고 있는 우리들도 반드시 알아야 하는 개념입니다. 어차피 경영학은 심리학, 철학, 사회학, 경제학과 같은 전통적인 학문의 주석에 불과합니다. 본질적으로는 이들 학문을 깊이 다루는 것이 바람직하지만, 마케팅의 전체적인 그림을 그려가는 것이 목적인 이 책에서는 심리학과 경제학 등의 개별적인 이론들을 자세하게 다루지는 않겠습니다. 혹시 앞서 언급한 프레이밍, 앵커링, 매몰비용 등의 용어가 낯설다면 반드시 행동경제학과 심리학 등의 책을 추가로 살펴보실 것을 권합니다.

실제 경제적 비용이 아닌 고객의 심리적 비용을 낮춰주는 것은 행동경제학의 측면에서 깊이 논의되고 있습니다. 아주 단순하게는 자신이 소유한 물건에 대한 가치를 상대적으로 높게 평가하는 심리적 비용과 소유효과Endowment effect에 착안한 마케팅에 접목하여 체험단과 같이 일정 기간 동안 상품·서비스를 무료로 경험하게 하고 구매의사가 없으면 반품을 받아주는 식의 프로모션입니다. 이렇게 인간의 마음속의 가상적인 회계장부를 이용하여 같은 경제적 비용을 지불하더라도 심리적 비용을 낮춰주는 형태의 가치제안을 할 수 있습니다.

자동차의 경우, 디폴트 옵션Default option을 적극적으로 활용합니다. 처음부터 모든 옵션을 포함한 가격을 기본으로 제시하는 것입니다. 이러한 가격책정 전략은 기본가를 낮게 책정하고 고객에게 추가적인 옵션을 선택하게 만드는 것보다 효과적입니다. 이는 기존의 상태에서 변화하는 것을 본능적으로 싫어하는 인간의 현상유지 편향Status quo bias의 관점에서 설명될 수 있습니다. 현상유지 편향을 이용한 재미있는 연구결과가 있습니다. 영업사원에게 인센티브를 주는 방식에 대한 연구입니다. 성과를 달성했을 때 인센티브를 주는 것보다, 먼저 인센티브를 준 다음 성과를 달성하지 못했을 때 주었던 인센티브를 빼앗는 방식이 성과 달성에 더 효과적이라는 것입니다. 이렇게 현상유지 편향을 이용한 디폴트 옵션을 고민해본다면 여러분의 현업에서도 좋은 아이디어가 나올 수 있을 것입니다.

또한 인간은 돈을 지출할 때, 뇌에서 육체적인 고통을 느낄 때 받는 자극과 동일한 부위를 자극받습니다. 즉, 인간은 지출을 할 때 고통을 느낀다는 것입니다. 보통 신체적으로도 더 큰 고통을 받는 부위가 있으면 비교적 작은 고통은 잘 느껴지지 않습니다. 구매에서도 똑같은 일이 일어납니다. 보통 사람들이 노트북이나 고가의 물건 등을 구매할 때 상대적으로 저렴한 파우치, 마우스 등의 관련 용품을 쉽게 구매하는 성향을 여기에 접목시켜볼 수 있습니다. 이런 성향 역시 민감도 체감성이라는 이론과 지출에서 비롯되는 고통과 같은 항목으로 설명할 수 있습니다.

가치있는 상품 · 서비스의 조건

지금까지의 내용을 정리하면 다음과 같습니다. 마케팅 전략의 관점에서 고객에게 제공하는 가치를 높이기 위해서는 두 가지를 기억해야 합니다. 고객의 편익을 높이거나, 아니면 고객의 비용을 줄여주는 것입니다. 이에 대한 공식을 'V=(B>C)'로 표현했습니다. 사실 이 공식은 여러분들께 조금 쉽게 설명하기 위해 임의로 만든 것으로, 원래 가치를 표현하는 수식은 다음과 같습니다.

"V = B / C"

즉, 가치는 편익을 비용으로 나눈 값이라는 뜻입니다. 앞서 설명했던 수식은 고객이 느끼는 편익과 비용의 비중이 1:1 대응으로 동일하지만, 다시 설명하는 'V=B/C'를 보면 더 중요한 것은 고객이 느끼는 비용입니다. 분모 값인 비용을 줄이는 것이 편익을 높이는 것보다 훨씬 효과적이라는 뜻입니다. 예를 들어 볼까요? 편익이 8백 원이고 비용이 4백 원인 상품의 경우, 기존의 수식대로라면 가치는 4백 원이 됩니다. 하지만 가치를 편익을 비용으로 나눈 값이라는 수식을 대입하면 가치는 2백 원이 됩니다. 이 상태에서 만약 고객의 편익을 높이거나, 고객의 비용을 낮출 수 있는 백 원 만큼의 역량이 있다면 어디에 집중해야 할까요?

이제 고민할 필요가 없겠죠? 당연히 비용을 낮추는 데 백 원을 사용하는 것이 훨씬 효과적으로 가치를 극대화시킬 수 있습니다. 하지만 그만큼 고객의 비용을 낮춰주는 것이 쉽지 않다는 이야기도 됩니다.

■ 가치제안, 어떻게 해야 할까?

우리는 가치에 대한 이야기를 하면 통상적으로 눈에 보이는 기능적 편익과 경제적, 비용적인 부분을 생각하게 됩니다. 그리고 더 나아가 이 기능적 편익을 극대화시키는 데 역량을 집중하곤 합니다. 이런 접근은 공급과잉, 저성장의 기조를 특징으로 하는 뉴노멀 시대에는 맞지 않는 접근방식입니다. 편익의 관점에서 무언가를 덧붙이고 추가하기보다 비용의 관점에서 고객의 비용을 낮추는 방향이 가치창출에 효과적이라고 할 수 있습니다. 저렴한 가격을 무기로 하는 '가성비' 브랜드인 샤오미, 중국산 상품 등이 시장에서 돌풍을 일으키고 있는 것도 바로 이와 같은 이유입니다. 기능적 편익의 관점에서는 대부분의 기술과 품질이 상향평준화되어 있습니다. 따라서 브랜드가 주는 강력한 혜택 중 하나인 사전적 품질보증(지각된 품질)의 혜택이 약화되고 있다고도 해석할 수 있습니다. 결국 기능적 편익의 관점에서 품질과 기술이 비슷하다면 브랜드 자체가 주는 혜택인 품질에 대한 보증보다 비용이 낮은 쪽을 선택하는 것입니다.

브랜드의 영향력과 가치가 점차 약화되고 있다는 주장은 기술적 수준의 상향평준화로 기능적 편익이 줄 수 있는 혜택이 제한적이라는 사실과 무관하지 않습니다. 기능적 편익으로 차별화를 하려면 가지고 있는 기술의 수준이 월등하면서 혁신적이고, 또 모방하기 어려워야 합니다. 이런 기술적 차별화는 갈수록 기술과 정보들이 투명하고 빠른 속도로 공유되는 사회적 흐름으로 볼 때 본원적 경쟁우위가 되기 쉽지 않을 것입니다. 오히려 기술보다는 고객의 시간적, 신체적, 심리적 비용을 낮춰주는 비즈니스 모델 자체 또는 정서적, 경험적, 사회적 편익을 제공하는 브랜드에서 답을 찾는 것이 좀 더 본질적인 전략의 방향이 될 것입니다. 앞서 언급한 고객들의 구매의사결정에 브랜드가 미치는 영향력이 약화되고 있는 현상을 겪고 있는 브랜드는 그들이 제공하는 핵심적인 가치가 기능적 편익에 맞춰져 있는 경우입니다. 대체재인 가성비 브랜드로의 전환 비용이 크지 않기 때문입니다. 브랜드를 전환하는 데 드는 심리적 비용보다 브랜드 전환으로 얻는 경제적 비용의 혜택이 훨씬 더 큰 것이죠.

여러분과 저는 가치혁신과 차별화를 위한 마케팅을 하고 싶습니다. 그리고 지속가능한 브랜드를 창조하고 싶습니다. 이제부터 고객을 향한 가치제안에서 기능적 편익과 경제적 비용이라는 항목은 가급적 배제하고 생각하길 권합니다. 그래도 당분간은 본능적으로 가장 먼저 떠오르는 항목일 것입니다. 저는 실제로 마케팅 전략을 수립할 때, 가격을 낮추거나 기능적인 면을 강조하는 생각을 가장 먼저 제외시킵니다. 그리고 맨 마지막에 이 항목에 대해 생각합니다.

대신 정서적·경험적·사회적 편익의 관점에서 해당 상품을 이용하는 고객들이 추구하는 삶의 가치를 스스로 지지할 수 있도록, 삶의 방식을 보여주고 존재의미를 부여할 수 있도록 돕는 데에 모든 생각과 고민의 초점을 맞춥니다. 또한, 고객의 시간적·신체적·심리적 비용을 낮춤으로써 해결할 수 있는 문제에 집중합니다.

이제 편익과 비용에 대한 개념을 확실하게 이해하셨나요? 가치에 대한 개념은 가장 기본적이며 가장 중요한 부분입니다. 몇 가지 실제 사례를 통해 조금 더 확실하게 감을 잡아봅시다. 샤넬백과 유니세프의 에코백은 어떤 방식으로 가치를 극대화하고 있을까요? 기능적 편익? 경제적 비용? 아닙니다. 기능적 편익에 초점을 맞춘다면 이런 가방을 구매할 이유가 없습니다. 경제적 비용의 측면에서도 마찬가지이구요. 훨씬 저렴하면서 튼튼하고 수납공간도 효율적인 대체재는 무수히 많습니다. 고객이 샤넬과 유니세프의 가방을 구매하는 것은 철저하게 정서적 편익의 관점이라고 볼 수 있습니다. 이때 가방은 형식으로서의 단순한 기표일 뿐입니다. 실은 자신이 추구하고자 하는 삶의 가치와 존재의 형태를 나타내는 의미로써 가치가 있는 것이죠.

놀이공원은 어떨까요? 어떤 편익을 극대화시켜주고 있을까요? 이 경우는 철저히 경험적 편익을 제공하는 데에 초점이 맞춰져 있습니다. 대신 경제적·시간적·신체적 비용이 들어갑니다. 사실 여행도 이와 비슷한 성격을 가지고 있습니다. 경제적·시간적·신체적 기회비용을 포기하면서까지 레저와 여행을 즐기는 사람들이 늘어나고 있는 것을 보면 경험적 편익이 인간에게 주는 무형적인 가치가 상당히 강력하다는 것을 짐작할 수 있습니다.

도요타의 친환경차인 프리우스는 가솔린, 디젤 연료에서 전기자동차로 넘어가는 과도기에 위치한 하이브리드 자동차 시장에서 거의 유일하게 성공한 브랜드입니다. 이유는 간단합니다. 기존 자동차 라인업에 하이브리드 라인을 추가한 타 브랜드들과 달리 프리우스는 오직 하이브리드를 위한 브랜드로만 출시함으로써 '프리우스 → 하이브리드 → 환경'이라는 공식을 성립시켰기 때문입니다. 기존 자동차 라인에 하이브리드 엔진을 추가한 브랜드는 해당 차량이 하이브리드인지 아닌지를 자세히 살펴보지 않으면 분간이 되지 않지만, 프리우스는 오직 하이브리드를 위한 자동차로 설계하고 출시하면서 확실한 정체성을 확보할 수 있었습니다. 이를 통해 프리우스를 구매한 고객들에게 친환경이라는 사회적 편익, 그리고 환경을 생각하는 윤리적인 소비자라는 정서적 편익을 제공한 것입니다.

쿠팡의 로켓배송과 카카오택시는 고객의 비용을 낮춰줌으로써 가치를 창출한 사례입니다. 쿠팡은 배송시간 단축을 통해 고객의 시간적 비용을 낮춰주고, 쿠팡맨이라는 믿을 수 있는 직영 택배기사를 채용해 택배 지연에 대한 불안과 범죄에 대한 고객의 심리적 비용까지 줄여줍니다. 카카오택시도 도착 시간, 경로, 현재 위치 등을 예측하고 공유할 수 있는 기능을 제공함으로써 고객의 시간적 비용과 심리적 비용을 낮춰주고 있습니다.

마지막으로 재플슈츠Jafflechutes의 사례를 통해 가치에 대한 이야기를 정리하도록 하겠습니다. 호주 멜버른에 위치한 재플슈츠는 건물 7층에 위치한 샌드위치 가게입니다. 보통 샌드위치 가게는 접근성이 좋은 1층에 위치해있는 것이 일반적입니다. 일단 7층에 위치한 샌드위치 가게가 장사가 잘 될 수 있을까요? 일단 7층이라는 위치는 고객의 시간적·신체적 비용을 증가시킵니다. 일반적으로 이를 상쇄하려면 고객이 부담하는 경제적 비용을 획기적으로 낮추지 않는 이상, 굳이 7층까지 올라가 샌드위치를 구매할 이유가 없다는 생각이 듭니다. 재플슈츠는 경험적 편익의 관점에서 샌드위치 구매 고객에게 새로운 가치제안을 생각해냈습니다. 바로 7층에서 낙하산을 이용해 1층에 있는 고객에게 샌드위치를 전달하는 것이었습니다.

고객들은 온라인을 통해 샌드위치를 주문하고 받을 시간을 정합니다. 그리고 지정된 위치가 표시된 지점에서 낙하산을 타고 내려오는 샌드위치를 받아 갑니다. 구매과정 자체에서 경험적 편익의 가치를 제공하는 발상의 전환이 대단한 사례입니다. 이 아이디어로 7층이라는 물리적 위치에서 비롯된 고객의 시간적·신체적 비용에 대한 문제를 해결하고 편익을 추가하여 가치를 극대화시켰습니다. 재플슈츠의 독특한 가치제안을 경험한 고객들은 SNS 등을 통해 자신이 경험한 내용을 자발적으로 공유하기 시작했습니다. 7층에 위치한 데다 매장에 테이블 하나 없는 최악의 조건에서 고객에게 새로운 가치제안을 고안해낸 재플슈츠는 이렇게 호주 멜버른의 명소가 되었습니다.

낙하산을 통해 고객에게 샌드위치를 전달하는 재플슈츠 (자료 : Jafflechutes)

고객의 편익을 극대화시키고 비용을 낮춰주는 가치제안, 기능적 편익과 경제적 비용이라는 프레이밍에서 조금만 벗어나면 더 많은 기회와 가능성을 포착할 수 있습니다. 가치창출에 대한 방향과 관점을 조금 더 유연하게 적용할 수 있도록 지금부터 편익과 비용을 새롭게 조합해보는 건 어떨까요? 물론 진정성이 담긴 철학이 중요하다는 사실, 본질을 잊어서는 안 되겠죠?

여기까지 오셨다면 가장 큰 산은 넘었습니다. 마케팅은 고객이 가치를 인식하는 문제를 다루고 있습니다. 화려한 테크닉이나 유행보다 기본이 중요합니다.

지금까지 설명한 인문학적 관점과 마케팅 관점에서의 가치에 대한 내용은 뭔가 있을 것 같은 한방의 유혹과 갖은 시행착오 끝에 결국 다시 찾게 될 본질적 깨달음의 단서가 될 것입니다. 이미 많은 실패와 성공을 경험했다면 다시 기본으로 돌아가게 된다는 말에 공감할 수 있을 것입니다. 어떤 일에서든 빠른 길, 쉬운 길은 없습니다. 마케팅도 마찬가지입니다. 빠른 길처럼 느껴지는 착각을 일으켜 결국에 다시 원점으로 돌아가게 되는 길보다는, 처음부터 바른 길로 걸어나가야 합니다.

인 문 학 적 마 케 팅 사 고 방 식

MARKETING THINK

이케아의 가치제안

이케아[IKEA]는1946년에 문을 연 스웨덴의 가구회사로, 생산·물류·서비스·패키지·입지 등 가치사슬 내의 다양한 활동을 원가절감이라는 하나의 미션으로 묶어 가구 유통 혁신에 성공한 기업입니다. 표면적으로 이들은 코스트 리더십이라는 경쟁우위와 핵심역량에 집중하는 전략을 내세우고 있습니다. 하지만 이케아가 본격적으로 비즈니스 확장을 실행하기까지 30년 동안 내부적으로 그들이 추구하는 철학과 미션 등을 공유하며 이를 자사의 독특한 문화라는 무형적 자산으로 자리매김했다는 점이 흥미롭습니다.

실제로 이케아 매장을 둘러보면 이들이 추구하는 철학과 미션이 어떤 것인지 굳이 묻지 않아도 다양한 물리적 증거를 통해 고객이 알아챌 수 있도록 세심하게 신경 쓰고 있는 것을 알 수 있습니다. 상품 태그, 곳곳에 붙어있는 안내 표지 등 아주 작은 디테일까지 고민한 흔적들이 묻어납니다. 이런 작은 부분에서도 전체적인 콘셉트와 조화를 이룰 수 있도록 디자인 할 수 있었다는 것은 이케아가 단순히 비즈니스를 경영 기법으로 접근하고 있는 회사가 아니라는 것을 보여줍니다.

이케아에서의 쇼핑은 다른 가구점들과는 조금 다른 형태로 이루어집니다. 입구에서부터 인테리어가 되어있는 각각의 룸들은 쇼룸으로, 어떻게 해야 판매 상품들이 집이라는 공간에서 더 가치 있게 사용될 수 있을지에 대한 이케아의 고민이 담겨있는 곳입니다.

가구쇼핑에 대한 혁신적인 고객경험을 선사하고 있는 이케아 (자료 : Google)

1. 쇼룸을 통한 경험적 가치에 초점을 맞춘 이케아

사실 쇼룸이 이케아의 차별화 요인 중 가장 강력한 포인트라고 할 수 있습니다. 물론 이케아는 원가우위를 통한 차별화라는 공식으로 설명할 수 있는 곳입니다. 하지만 원가, 즉 비용을 통한 경쟁우위의 본질적인 핵심은 바로 '가치'입니다. 이케아가 코스트 리더십Cost leadership[9]이라는 경쟁우위와 핵심역량을 갖춘 회사라는 점을 단순히 '가격이 저렴하다'는 것으로 연결시키면 곤란합니다. 가격이 저렴하다는 말의 배경에는 '이케아가 제공하는 가치에 비해'라는 말이 포함되어 있습니다. 결과적으로 이케아의 핵심역량과 경쟁우위의 원천은 '이들이 제공하는 가치에 비해 가격이 저렴하다는 것'입니다.

9) 코스트 리더십 : 저원가, 저가격을 바탕으로 경쟁우위를 유지하는 것.

2. 이케아의 경쟁 상대, 디즈니랜드?

그렇다면 이케아가 제공하는 가치는 무엇일까요? 바로 '경험'입니다. 실제로 이케아에서 가구를 둘러보고 쇼핑을 하다보면 즐거운 경험을 하고 있다는 느낌을 강하게 받게 됩니다. 이케아의 디자이너들이 고민해서 꾸며놓은 인테리어 쇼룸을 보고 곳곳에 놓인 의자와 소파에 앉아 자신의 공간에 어울리는 것은 무엇일지 고민하고 상상해보는 것만으로 흥미로운 경험이 되는 것입니다.

더 나아가 생각해보면 이케아는 가구를 구매하는 곳이 아니라, 오히려 디즈니랜드에 가깝습니다. 이렇게 생각해보면 이케아는 단순히 가구를 판매하는 곳이 아니라, 다양한 체험을 하고 마음껏 상상하게 하는 디즈니랜드에 가깝습니다.

가구를 쇼핑하는 놀이공간, 이케아 (자료 : Google)

뿐만 아니라 이케아는 가구 선택과 인테리어에 대한 컨설팅 서비스를 무료로 제공하고 있습니다. 인테리어에 대한 방향성과 가구를 어떻게 배치할 것인지, 제품의 색상과 세세한 소품들까지 조언을 해주는 서비스를 시행하고 있습니다. 고객이 원하는 컨셉에 맞춰 컨설턴트가 캐드로 가구 배치 시안을 잡아주기도 합니다. 이케아가 질 높은 고객경험을 위해 얼마나 신경 쓰고 있는지 확인할 수 있는 부분입니다. 그동안 가구단지 같은 곳에서 일일이 가구를 비교하기 위해 이리저리 돌아다니고, 저마다 다른 컨셉을 가진 가구들이 뒤죽박죽 한데 모아져 있어 과연 잘 어울리는 인테리어인지 아리송한 데다, 심지어 흥정할 때마다 달라지는 가격에 오히려 저렴하게 구매해도 왠지 비싼 값에 구입한 것 같은 기분이 들었던 소비자들에게 이러한 이케아의 서비스는 반갑지 않을 수 없습니다.

3. 고객의 문제를 해결하라, 고객의 경험을 창출하라

이케아는 위와 같이 고객이 겪을 수 있는 문제를 적극적으로 해결했습니다. 이케아의 성공은 '가격'이 아니라, 고객 문제 해결과 고객경험 창출이라는 '가치'에 있습니다. 매장을 잠깐만 둘러봐도 고객의 동선과 조명, 향기까지 세심하게 신경 쓴 흔적이 곳곳에 배어 있습니다. 쇼핑 동선이 끝나는 곳 바로 앞에서 파는 천 원짜리 핫도그는 성공적인 쇼핑을 기념하는 선물 같기도 합니다.

또한 매장 곳곳에 환경과 지구, 사람을 위한 '지속가능성'을 언급하고 있는 점이 인상적으로 다가옵니다. 쇼핑이 끝나는 지점에는 이러한 내용이 자세하게 소개되어 있기도 합니다. 지속가능한 경영은 지속가능한 지구와 환경, 지속가능한 삶을 전제로 합니다. 이러한 이케아의 고민은 단순히 겉으로 내보이기식의 마케팅을 하려는 것이 아닌, 이들이 어떤 철학을 공유하고 어떤 비전으로 비즈니스와 고객을 마주하는지 짐작할 수 있는 대목입니다.

■ 인간이 비합리적인 의사결정을 하게 되는 이유는?

2002년 프로스펙트 이론으로 노벨 경제학상을 수상한 대니얼 카너먼 (자료 : Google)

2002년, 심리학자로는 이례적으로 노벨경제학상을 받은 대니얼 카너먼Daniel Kahneman 교수는 인간이 비합리적인 의사결정을 하게 되는 심리적인 작용기제를 프로스펙트 이론Prospect theory으로 설명하고 있습니다. 이들에 의하면 불확실한 상황에서 우리는 효용Utility이 아니라 가치Value에 근거하여 의사결정을 수행합니다. 그러한 의사결정의 행태를 준거 의존성Reference dependency, 민감도 체감성Diminishing sensitivity, 손실회피성Loss aversion이라는 세 가지 형태로 설명했습니다.

준거 의존성은 쉽게 이야기하면 다음과 같습니다. 방금 연봉 협상을 마친 두 사람이 있습니다. 한 사람은 3천만 원, 또 한 사람은 4천만 원에 연봉 협상을 끝냈습니다. 어떻게 된 일인지 3천만 원으로 협상한 사람은 환하게 웃고 있고, 4천만 원에 협상을 마친 사람은 표정이 어둡습니다. 왜일까요? 이유는 바로 준거 의존성에 있습니다. 3천만 원으로 연봉 협상을 마친 사람은 전년도 연봉인 2천5백만 원에서 5백만 원이 인상된 3천만 원에 협상을 마쳤지만, 4천만 원에 협상을 마친 사람은 전년도 연봉인 4천만 원 그대로 동결된 상태로 협상을 마치게 된 것이죠. 가치를 판단하는 기준이 저마다의 기준에 따라 상대적이라는 뜻입니다.

백화점의 명품 매장은 보통 1층에 위치하고 있습니다. 왜 그럴까요? 준거 의존성 측면에서 풀어보면 명품 매장은 백화점을 방문한 고객들의 심리적인 준거가격을 높게 형성하도록 만듭니다. 그러면 다른 상품들의 가격이 상대적으로 낮게 느껴져 구매의사가 높아진다는 것이죠. 다이소에서 지출하는 십만 원과 백화점에서 지출하는 십만 원은 같은 금액인데도 다르게 느껴지지 않나요? 강남이나 청담동에 위치한 음식점은 조금 비싸도 될 것 같지만, 대학가에 있는 음식점은 저렴해야 할 것 같지 않나요?

앵커링Anchoring 효과도 준거 의존성의 일종입니다. 사람들이 정확한 가치(정보)에 대해 잘 알지 못하거나 또는 평가하기 어려운 경우, 처음 주어진 숫자 등의 정보에 의존하게 된다는 것입니다. 고객이 평균적인 소매가격이나 원가를 추정하기 힘든 상품·서비스의 경우, 정상가를 높게 책정하고 파격적인 할인가를 제시하면 고객은 정상가를 준거가격으로 인지하게 됩니다. 그러면 할인가격을 더 매력적으로 느껴 가치를 더 높게 평가하게 됩니다. 이렇게 구매를 유도하는 상술도 앵커링 효과의 일종입니다.

대니얼 카너먼이 진행한 앵커링에 대한 유명한 실험이 있습니다. 그는 에베레스트 산의 높이를 모르는 피실험자들을 모집하여 실험을 진행했습니다.

실험에 참가한 사람들을 두 그룹으로 나누어

첫 번째 그룹에게는 '에베레스트 산의 높이가 600m보다 낮나요? 높나요?', '에베레스트 산의 높이가 어느 정도 된다고 생각하십니까?'라고 질문했습니다.

그리고 두 번째 그룹에게는 '에베레스트 산의 높이가 14,000m보다 낮나요? 높나요?', '에베레스트의 높이가 어느 정도 된다고 생각하십니까?'라는 질문을 했습니다.

결과는 어땠을까요? 첫 번째 그룹이 추정한 에베레스트 산의 평균 높이는 2,400m, 두 번째 그룹이 추정한 에베레스트 산의 평균 높이는 13,000m였다고 합니다. 이 실험은 처음 제시하는 준거기준(에베레스트 산의 높이)이 인간의 실제 사고 과정에 영향을 미친다는 것을 보여주는 사례입니다.

다음으로 민감도 체감성입니다. 민감도 체감성은 경제학에서 이야기하는 한계효용체감의 법칙과 같습니다. 똑같은 음식도 배고플 때 먹으면 맛있지만, 배가 부를 때 먹으면 그렇지 않듯, 첫사랑의 추억은 강렬하지만, 두 번째 사랑의 기억은 가물가물한 것과 비슷한 이유입니다. 요즘 광고나 드라마, 영화가 고객의 눈과 귀를 사로잡기 위해 자극적인 것을 추구하는 현상도 민감도 체감성과 관련이 있습니다. 이미 일정 수준의 자극에 노출된 소비자들은 이전에 경험했던 정도의 자극에는 민감하게 반응하지 않습니다. 따라서 이전보다 더 자극적인 영상과 언어를 사용하게 되는 것이죠.

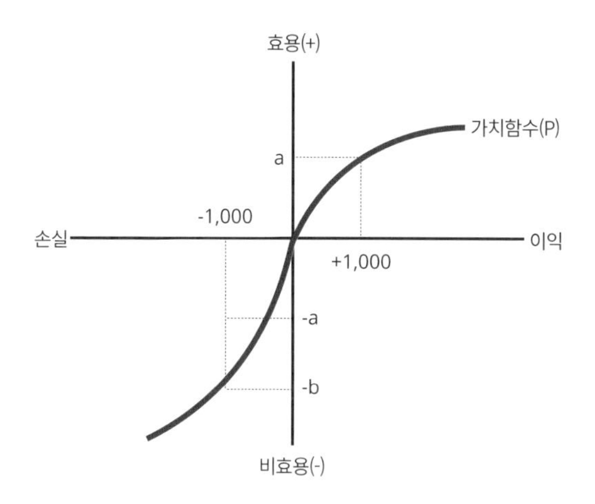

프로스펙트 이론에 따른 가치함수

마지막으로 이익보다 손실을 더 크게 느끼는 손실회피 성향입니다. 인간은 크기가 같은 이익과 손실 중에서 손실을 이익보다 약 2배 정도 더 크게 느낀다고 합니다. 예를 들어 만 원을 주웠을 때 느끼는 행복이 1이라면, 만 원을 잃어버렸을 때 느끼는 고통은 2라는 뜻입니다. 주로 TV 홈쇼핑에서 손실회피 성향을 이용한 멘트로 고객들을 유혹합니다. 지금 구매하지 않으면 손해라는 쇼호스트의 멘트, 재고가 얼마 남지 않았다는 자막, 소유 효과Endowment effect를 이용한 무료반품 제도 등은 모두 이익보다 손실을 더 크게 느끼는 인간의 손실회피 성향을 이용한 세일즈 기법이라고 할 수 있습니다.

이렇게 행동경제학의 기본이 되는 내용을 살펴보았습니다. 고객에게 똑같은 혜택을 주거나 비용을 요구하더라도 어떻게 제안하느냐에 따라 고객이 느끼는 효용과 가치는 달라질 수 있습니다. 꾸준히 관심을 가지고 공부하면 고객을 이해하는 데 큰 도움이 될 것입니다.

■ 이윤창출 vs 가치창출 : 이익추구와 가치추구는 어떻게 다른가?

"기업의 존재 목적은 이윤창출이다."

굉장히 익숙한 개념일 것입니다. 이 말은 기업이 존재할 수 있는 최소한의 절대적 필요조건을 아주 잘 설명해주고 있습니다. 먼저 기업의 근본적인 목적이 이윤창출에 있다는 명제에 동의하고 이야기를 시작해보도록 하겠습니다.

기업은 항상 시장의 평가를 받습니다. 이에 따라 기업 가치와 주식 가치가 달라집니다. 그리고 시장이 기업 가치를 평가하는 가장 중요한 항목이 있습니다. 바로 무형자산입니다. 말 그대로 눈에는 보이지 않는 기업의 자산이라는 뜻입니다. 1990년대를 기점으로 기업 가치에서 무형자산이 차지하는 비중은 유형자산을 넘어섰습니다. 또한 무형자산이 기업 가치에서 차지하는 비중은 시간이 갈수록 압도적으로 커지고 있습니다. 이렇게 점점 중요해지고 있는 무형자산에서 가장 많은 비중을 차지하는 것은 바로 브랜드 가치입니다.

데이비드 아커[David A. Aaker]에 의하면 브랜드의 가치를 결정하는 브랜드 자산은 브랜드 인지도, 브랜드 충성도, 지각된 품질(고객이 인식하는 브랜드의 품질), 브랜드 연상 이미지라는 네 가지 항목으로 이루어져 있습니다. 고객의 입장에서는 자신이 잘 알고 있고, 애호도와 애착도가 높으며, 품질에 대해 믿을 수 있고, 긍정적인 이미지가 떠오르는 브랜드를 선택하는 것이 당연합니다.

만약 자신이 잘 알고, 호감을 가지고 있으며, 인격적으로 성숙하고, 호감이 가는 사람이라면 아마 사랑에 빠지게 될 것입니다. 브랜드도 마찬가지입니다.

고객이 사랑에 빠질 수밖에 없는 브랜드, 케빈 로버츠Kevin Roberts는 이런 브랜드들을 '러브마크'라고 이름 붙였습니다.

오토바이 마니아들의 대표적 러브마크, 할리데이비슨 (자료 : Harley-Davidson Website)

사랑에 빠지고 싶을 정도로 매력적인 브랜드, 우리가 러브마크에 지불하는 비용은 기본적으로 해당 기업과 브랜드가 지속가능하다는 약속이 포함된 비용입니다. 이 약속이 지켜지지 않을 수도 있다는 가능성이 보이는 순간, 어느 누구도 정상적인 경제적·심리적 비용을 부담하면서 해당 브랜드의 상품을 구매하거나 정서적 편익을 기대하지 않을 것입니다.

기업도 마찬가지입니다. 기업의 지속가능성이 의심받는 순간, 기업 가치는 급격하게 하락합니다. 기업의 미래 가치가 평가 절하된 상황에서 현재의 이윤창출은 아무런 의미가 없게 되는 것이죠. 기업은 현재의 이윤과 가치뿐만 아니라, 미래에 실현될 것으로 예상되는 이윤과 가치를 현재 가치로 환산하여 평가받게 됩니다. 재무제표상 전혀 이익을 내지 못하고, 손실만 가득한 회사가 대규모의 투자를 유치하고 시장에서 긍정적인 평가를 받는 것이 바로 미래 가치와 연결되는 부분입니다. 반면, 현재 이윤창출을 충실하게 하는 기업도 미래 가치가 불투명할 경우 저평가될 수 있는 것입니다.

이윤창출에 몰입한 전략이 지속가능성을 해치는 이유는 다음과 같습니다. 이윤창출이 지향하는 목표는 바로 판매입니다. 판매를 통해 매출을 끌어올리는 것이죠. 이때, 마케팅은 철저하게 거래에 초점이 맞춰지게 됩니다. 거래를 발생시키기 위한 마케팅 전략을 세우고 세일즈를 하는 것입니다. 이윤창출을 위해 마케팅 전략이 해결하고자 하는 문제는 다음과 같습니다.

"어떻게 하면 매출을 극대화시킬 수 있을까?"

"판매량을 늘릴 수 있는 방법은 무엇일까?"

아마 대부분의 마케팅 현장에서 다루고 있는 핵심 질문일 것입니다. 하지만 여기에는 커다란 함정이 있습니다. 이윤창출을 위한 질문이 바로 기업 가치에서 점점 더 비중이 커지고 있는 무형자산의 대척점에 있다는 사실입니다. 영업, 세일즈, 프로모션 등 마케팅 현장에서 실제 가장 중요하게 논의되고 있는 부분은 바로 매출입니다. 매출이 중요하지 않다는 이야기를 하려고 하는 것이 아닙니다. 문제는 많은 기업들이 재무제표상 매출이라는 유형자산의 항목을 위해, 기업 가치 측면에서 훨씬 더 중요한 무형자산을 훼손시키고 있다는 점입니다. 목적을 잊고 지나치게 목표에 초점을 맞추는 것은 자칫 전투에서 이기고 전쟁에서 지는 실수를 범할 수 있다는 사실을 기억해야 합니다.

전국에 메르스가 한참 유행하며 우리나라를 방문하는 외국인 관광객의 수가 급격히 감소했던 적이 있습니다. 이는 당시 많은 산업에 심각한 영향을 끼쳤습니다. 메르스로 인해 큰 타격을 입은 관광산업, 호텔도 그중 하나였습니다. 메르스가 한창 유행하던 시기에 대부분의 호텔들은 평소 객실 매출의 절반이 채 안 되는 극심한 매출 실적 부진에 시달렸습니다. 이 순간이 바로 진실의 순간입니다. 조금이라도 영업이익을 개선하기 위해 매출 원가와 판매 관리비를 줄이는 선택을 할 것인지, 아니면 호텔의 브랜드 관리를 위해 고객의 수에 상관없이 최고의 서비스를 제공하는 선택을 할 것인지, 여러분의 생각은 어떤가요?

영업이익 개선을 위한 선택을 했을 경우를 가정해보겠습니다. 먼저 배치되어 있는 직원 수를 일시적으로 줄이는 것이 좋겠죠? 이를 위해 직원들이 이 기간에 휴가 및 연차를 소진하도록 유도합니다. 그리고 객실을 어떻게든 채우기 위해 다양한 할인과 프로모션을 진행합니다. 그러면 회사의 입장에서는 단기적인 영업 손실을 그나마 방어할 수 있습니다. 하지만 고객의 입장에서는 어떨까요? 서비스를 하는 직원의 수가 줄어든 만큼 호텔을 이용하면서 얻는 정서적·경험적 편익도 같이 줄어들 것입니다. 대신 상대적으로 저렴한 가격으로 호텔을 이용할 수 있기 때문에 경제적 비용은 낮아집니다. 하지만 메르스가 잠잠해지는 시기에 할인과 프로모션이 맞물리면서 갑자기 사람들이 한번에 몰리기 시작했습니다.

결과적으로 고객의 시간적·신체적·심리적 비용은 증가했습니다. 이로 인해 경제적 비용 측면을 제외한 나머지 비용은 상승하게 되었고, 고객이 얻게 되는 편익은 감소하게 되었습니다. 일시적인 재무적 성과를 추구함으로써 결론적으로 브랜드 경험에서 오는 무형자산을 훼손시킨 셈입니다. 이런 형태의 의사결정이 반복되면 무형자산의 손실(브랜드 가치하락)이 결국 가격경쟁으로 이어짐으로써 지속가능성을 훼손시키는 악순환에 빠지게 됩니다. 지금까지 논의했던 것처럼 경쟁우위를 단순히 가격이 아닌, 가치라는 좀 더 큰 관점에서 봐야 합니다.

반대로 2016년 1월, 폭설로 제주공항이 마비되어 6만 여명의 발이 묶였을 때, 공항 주변에서는 숙박 대란이 일어났습니다. 이 때문에 미처 방을 구하지 못한 사람들은 공항에서 노숙을 하며 다시 공항이 정상화되길 기다리는 상황이 벌어졌습니다. 당시 적절한 대응으로 언론에서 회자된 호텔이 있습니다. 이 호텔은 제주공항에서 발이 묶인 자사 호텔 투숙객에게 공항이 정상화될 때까지 무료숙박을 제공했습니다. 이윤창출의 관점에서라면 객실 점유율을 100% 달성하고 매출을 극대화시킬 수 있는 절호의 기회였지만 이 호텔은 단기적인 매출보다는 고객과의 관계라는 브랜드의 무형자산을 선택함으로써 존재감을 과시했습니다. 이미 이 호텔은 호텔 회전문과 충돌하여 4억의 변상금을 물어야 할 처지에 놓인 택시기사를 선처해준 일로 언론과 사람들의 머릿속에 강한 인상을 남기기도 했습니다. 이 일이 있고 얼마 지나지 않아 경쟁사의 호텔에서 유사한 사건이 발생했을 때, 비슷하게 대응하여 벤치마킹이 아니냐는 논란 아닌 논란이 일기도 했습니다.

사실 이러한 사례들을 통해 알 수 있는 것은 마케팅이나 브랜드 전략에 배어 있는 진정성과 철학의 중요성입니다. 평소 브랜드와 고객에 대한 확고한 철학, 그리고 이 철학에 진정성이 없다면, 언젠가는 가식의 가면이 벗겨진 진실의 순간을 맞이하게 될 것입니다. 이것이야말로 기업의 지속가능성을 해치는 가장 큰 리스크라는 사실을 절대 잊어서는 안 될 것입니다. 가습기 살균제로 끔찍한 범죄를 저지른 회사, 배출가스 조작을 하다 적발된 회사, 밀어내기로 사회적 물의를 일으킨 회사, 마카다미아 땅콩으로 유명한 항공사, 신입사원까지 희망 퇴직시키는 회사 등, 수많은 기업들이 겉으로는 우아하고 세련된 방식으로 마케팅과 기업 브랜드 관리를 위한 활동을 하지만 진정성과 철학의 결핍이 세상에 드러나면 이런 모든 마케팅과 브랜드 전략은 물거품이 되고 맙니다. 마케팅과 브랜드 전략은 진정성이 담긴 철학에서 시작되어야 합니다. 지금까지 이익추구와 가치추구를 이항대립적인 항목처럼 나누어 이야기했지만 사실 이 둘은 별개의 항목이 아닙니다. 가치를 추구하면 이익은 구하지 않아도 저절로 따라오는 것입니다. 반대로 이익을 구하느라 가치를 놓치고 마는 우를 범해서는 안 됩니다. 결론적으로 지속가능한 경영을 위해 기업이 추구해야 할 근본적인 목적은 이익창출이 아닙니다. 바로 가치창출입니다.

인 문 학 적 마 케 팅 사 고 방 식

MARKETING THINK

우리의 전략은 가치를 바탕으로 한다

이익보다 가치를 추구하는 브랜드로 러쉬를 소개하고자 합니다. 러쉬에서 가장 주목해야 할 것은 극단적이라고 할 수 있는 브랜드 철학의 실천입니다. 러쉬는 세계적 코스메틱 산업의 수익성과 미래 전략에의 핵심이 되는 중국시장을 '동물실험 반대'라는 자사 브랜드

확고한 브랜드 철학으로 사랑받는 러쉬 (자료 : Lush Website)

의 정체성을 지키기 위해 포기했습니다. 당시 이러한 결정은 동물실험 반대를 주장하는 유명한 기업의 화장품 브랜드들이 동물실험에 관한 사실을 알고도 은근슬쩍 중국시장에 빠르게 진입하여 시장을 선점하고 있었던 현실에 비춰본다면 아주 이례적인 일이라고 할 수 있습니다(2015년 6월부터 중국은 식품위생 인·허가를 위한 절차에서 동물실험 조항을 삭제했다고 합니다).

브랜드의 진정성이란 무엇일까요? 상황에 따라, 수익성이라는 논리에 따라 브랜드의 핵심적인 가치가 손상된다면 브랜드의 진정성에 대해 공감하고 브랜드를 자신의 러브마크라 자처하는 고객은 없을 것입니다.

러쉬는 원료수급, 생산, 유통, 판매에 걸친 전 과정에서 브랜드 정체성과 핵심가치를 실천하고 있습니다. 브랜드 정체성과 진정성이 훼손되지 않도록 이에 대한 다양한 활동과 의무를 적극적으로 이행하고 있는 러쉬는 그 자체만으로도 브랜드를 철저하게 차별화하여 자신만의 영역을 구축하고 있는데, 홈페이지에서 브랜드 사명과 미션이 캠페인, 제품 전략 등과 유기적으로 잘 연결될 수 있도록 IBC Integrated Brand Communication 전략을 펼치고 있는 것을 살펴볼 수 있습니다. 혹시 지금 브랜딩과 마케팅 간의 통합적인 전략도출에 대한 고민을 하고 있다면 러쉬의 전략을 참고해도 좋을 것 같습니다.

러쉬의 브랜드 전략은 어쩌면 지극히 기본적이며 교과서적입니다. 하지만 많은 브랜드들이 이렇듯 교과서적인 내용조차 쉽게 실천하지 못하는 현실의 마케팅에서 러쉬는 진정성을 가지고 기업의 철학을 실천하는 전략으로 근본적인 차별점을 도출했습니다.

통합적인 브랜드 관리 전략을 하나의 예로 들 수 있습니다. 대부분 회사라는 조직은 자사 브랜드의 정체성에 맞는 마케팅 실행 전략을 도출하기 위한 통합적인 브랜드 컨트롤 타워를 두기보다는 브랜딩 따로, 마케팅 따로, 판촉 따로, 기획단의 부서와 실행단의 부서 및 주체가 모두 다른 조직으로 구성되어 있습니다.

이러한 실정과 달리 러쉬는 브랜드에 대한 내부적인 커뮤니케이션이 매우 활발하게 일어나고 있으며, 조직의 구성과 운영 시스템도 브랜드 미션 및 사명이 경영 의사결정에 적극적으로 개입될 수 있도록 디자인되어 있다고 합니다.

러쉬 홈페이지에 들어가 보면 브랜드의 철학과 미션, 사명 등이 자세하게 소개되어 있는 것과 더불어 브랜드의 정신을 지켜나가기 위해 어떤 활동을 하고 있는지 알기 쉽게 설명되어 있습니다. 특히 주목할 점은 브랜드 철학을 실행하는 캠페인입니다. 캠페인은 브랜드 정체성에 부합하는 다양한 목적과 형태로 진행되고 있습니다.

이렇듯 브랜드 홈페이지만 보더라도 브랜드 정체성을 통한 차별화, 또 차별화를 실행하기 위한 마케팅 전략, 상품 및 영업 전략의 범주까지 일관된 하나의 메시지를 커뮤니케이션하고 있는 것을 단숨에 알아챌 수 있습니다. 단순히 판매를 위한 마케팅의 범주에서 멈추는 것이 아니라, 자사의 브랜드에 생명력을 불어넣고 진정성 있는 커뮤니케이션을 위한 고민과 차별적 지위를 획득하기 위해 얼마나 많은 시간을 투자하여 고민하고 또 고민했을지 상상해볼 수 있는 대목입니다.

통합적인 브랜드 전략을 위해서는 의사결정권자(창업자, 오너)의 강력한 사명감과 의지, 철학이 현장에 적극적으로 반영되는 것이 중요합니다. 그 이유는 현실적으로 브랜드의 미션과 정체성이 Bottom-Up 프로세스를 거치게 되면 이를 강력하게 견인할 근본적인 구심점을 잃기 쉽기 때문입니다. 이론적으로는 다양한 방법들이 있지만 현실적으로는 강력한 브랜드를 위한 전략의 토대만큼은 의사결정권자로부터 이어지는 Top-Down 방식이 적합합니다.

좋은 브랜드를 가지고 있는 회사에는 반드시 좋은 의사결정권자가 있습니다. 브랜드는 전략의 문제가 철학의 문제이므로, 원래 존재하지 않는 철학적 단서를 아무리 그럴듯하게 쥐어짜낸다 해도 의사결정권자의 철학적 배경이 브랜드와 괴리감이 있는 브랜드는 진정성을 갖지 못하게 됩니다. 아마 대부분의 브랜드들이 여기에 해당한다고 볼 수 있을 것입니다. 혹시라도 브랜드를 육성하는 어느 회사의 의사결정권자가 이 글을 보고 있다면 반드시 염두에 두고 고민해보아야 할 것입니다. 브랜드가 생각처럼 브랜딩되고 있지 않다면 문제의 시작이 의사결정권자의 철학과 브랜드의 철학이 일치되어 있지 않을 가능성이 높습니다.

이정도면 진정성 있는 브랜딩을 위한 한가지의 답은 나왔습니다.

"어떠한 사명, 어떠한 철학도 없다면
경영자로서의 자격도 없으니 시작조차 하지 말 것!"

02

고객 관점 재정의

거래보다 관계

마케팅에서 기존고객에 집중해야 하는 것은 기존고객은
내부고객과 마찬가지로 그 자체로 마케팅 채널이기 때문입니다.

고객은 어떤 존재인가?

■ 5천 원짜리 점심, 6천 원짜리 디저트

마케팅 분야의 석학인 재그디쉬 쉐스Jagdish N. Sheth 교수는 소비자에 대한 자신의 연구를 다음과 같이 정리했습니다.

"내가 소비자의 행동에 대해서 알아낸 것 중 확실한 것은 오직 두 가지뿐이다."
첫째, 제품을 필요로 하는 소비자가 반드시 제품을 구매하는 것은 아니다.
둘째, 제품을 꼭 필요로 하지 않는 소비자도 제품을 구매하곤 한다.

고객은 반드시 필요에 따라 소비하지 않습니다. 이와 같은 주장이 온전히 받아들여지려면 먼저 공급과잉, 풍요의 시대를 살고 있는 현재에 대한 이해가 필요합니다. 다시 말해 의식주를 위한 최소한의 필요를 걱정하지 않는, 최소생활의 보장을 전제로 성립할 수 있는 주장인 것이죠. 예를 들어 집에 PC가 있다면 노트북이 필요하더라도 꼭 사야 하는 것은 아닙니다. 반대로 노트북이 있더라도 PC나 태블릿을 구매하는 소비자가 있을 것입니다. 옷의 경우는 어떨까요? 우리가 정말 옷이 필요해서 구매하는 경우가 있을까요? 필요보다는 구매하고 싶은 욕구와 욕망에 이끌려 구매하고 있는 것이 아닐까요. 필요에 의한 구매, 욕구에 의한 구매, 먼저 필요와 욕구라는 단어를 정리한 다음 계속 이어나가도록 하겠습니다. 본래 욕구와 욕망은 학문적으로 구분되는 개념이지만, 여기에서는 하나의 개념으로 묶어서 사용하도록 하겠습니다.

만약 내일 부산에 가야 할 일이 생겼습니다. 이때 필요한 것은 기본적으로 이동수단입니다. 자동차, 버스, 기차, 비행기 등의 이동수단은 여기에서 필요Needs에 해당합니다. 여러분들의 욕구와 욕망은 어떤가요? 더 편하게 이동하고 싶나요? 더 빠르게 도착하고 싶나요? 아니면 조금 늦더라도 무궁화호를 타고 음악과 독서, 사색 등의 여유를 즐기는 건 어떤가요? 직접 운전을 하고 가면서 휴게소에 들르는 것도 나쁘지 않을 것 같습니다. 목이 마를 때도 마찬가지입니다. 이때 필요한 것은 '마실 것'이죠? 누군가는 마실 것으로 시원한 탄산음료를 원하기도 하고, 누군가는 이온음료를 원하기도 합니다. 또 건강을 위해 다이어트가 '필요'한 사람도 있지만, 단순히 더 멋진 몸매를 원하는 사람들이 다이어트를 하는 경우도 있습니다. 이렇게 다이어트를 위해 운동을 하는 모습은 어떤가요? 따로 운동복을 갖춰 입고 운동화를 신습니다. 주위를 둘러보면 이런 욕구와 욕망에 따른 소비가 점차 늘어나고 있다는 것을 쉽게 느낄 수 있습니다.

제 주변에는 만년필을 모으는 친구, 나이키 신발을 수집하는 동생, 자전거 무게 10g을 줄이기 위해 보통 사람들의 상식으로는 이해하기 힘든 투자와 노력을 하는 사람들이 있습니다. 심지어 저희 부모님만 해도 마시지도 않는 와인과 술, 그리고 잘 뿌리지도 않는 향수, 또한 같이 살면서 한 번도 사용하는 것을 본 적 없는 주방용품을 모으시기도 합니다. 사실 저도 마찬가지입니다. 저는 스피커, 헤드폰, 노트북 등의 IT기기와 필기구, 시계를 수시로 사고팔며 수집하는 취미가 있습니다.

사람들은 왜 필요하지도 않은 상품과 서비스를 욕망하는 것일까요? 수많은 관계와 의미 속에 놓인 공허함과 소외감에서 단서를 찾을 수 있지 않을까요? 페이스북, 인스타그램 등의 SNS를 수시로 들여다보는 것, 셀카를 올리고 친구들이 좋아요를 몇 개 눌렀는지 수시로 확인하는 것, 필요하지 않아도 뭔가를 수집하며 자랑하거나 혼자 뿌듯해하는 것, 결국 사회 속의 하나의 익명으로만 존재하는 스스로에 대한 정체성을 자신의 소유물을 통해 반추하고 싶은 욕망인 것이죠.

여기 5천 원짜리 점심을 먹고, 6천 원짜리 디저트를 먹는 사람들이 있습니다. 얼마 전 친한 동생이 백만 원이 훌쩍 넘는 명품브랜드의 파우치와 고급 카메라를 구매하는 것을 보고 놀랐습니다. 일상적인 소비에는 근검절약하는 동생이었기 때문입니다. 갑작스러운 소비에 무슨 일인지 물었더니, '작은 사치'라는 대답이 돌아왔습니다. 이처럼 우리가 필요의 영역이라고 인식하는 소비에 있어서는 가성비 등을 꼼꼼하게 따지는 합리적인 의사결정을 하지만, 욕망을 좇는 소비에

5천 원짜리 점심, 6천 원짜리 디저트 (자료 : Unsplash)

있어서는 합리적이기보다 충동적이고 감정적인 태도로 의사결정을 하게 됩니다. 마케팅 관점에서 작은 사치를 향한 인간의 욕구는 엄청난 기회입니다. 필요하지 않아도 구매를 하다니, 이보다 더 좋은 기회가 없습니다. 작은 사치는 필요의 영역이 아닌 욕구와 욕망의 영역에 존재합니다. 그리고 작은 사치의 영역에는 수없이 많은 기회가 숨어있습니다. 필요의 영역에서 벌어지는 경쟁이 일정한 규모와 크기를 가진 시장에서 경쟁하는 것이라면, 작은 사치의 영역은 끝없는 인간의 마음 속 욕구와 욕망이라는 무의식의 세계에서 벌이는 경쟁입니다.

사람들의 생각과 마음은 모두 제각각입니다. 필요의 영역에서는 가격과 기능이 구매의 기준이 되지만, 작은 사치의 영역에서는 정서적 편익과 심리적 비용이 구매의 기준이 됩니다. 우리가 이미 알고 있듯 정서적 편익과 심리적인 비용은 굉장히 주관적이고 정성적인 항목입니다. 무언가 딱 떨어지는 정답이 있는 것이 아니라는 것이죠.

언제부턴가 경영과 마케팅에서도 인문학의 중요성이 심심치 않게 이야기 되는 것도 사실 이와 밀접한 관련이 있습니다. 전에는 단지 판매하고 있는 상품과 서비스에 대한 이해면 충분했지만, 이제 인간을 이해하는 일 자체가 중요해진 것입니다.

"사람들은 보여주기 전까지 그들이 원하는 것이 무엇인지 모른다.
내가 해야 할 일은 조사 보고서에 없는 것을 읽어내는 것이다."

- 스티브 잡스 -

인문학적 마케팅 사고방식

MARKETING THINK

그래서 더 행복해졌습니까?

마케팅은 고객의 문제를 해결하는 것입니다. 조금 더 자세히 이야기하면 고객의 현재 상태와 고객이 원하는 이상적인 상태 사이의 간극을 필요와 욕구의 관점에서 해결책을 제시하는 것입니다. 사실 마케팅은 세상에 존재하지도 않았던 고객의 문제를 스스로 만들기도 합니다. 그동안 문제가 아니었던 것을 문제라고 이야기하며 소비를 부추기고, 소비를 통해 문제를 해결할 수 있다고 이야기하기도 합니다.

이것은 기업과 마케팅이 하고 있는 전형적인 전략입니다. 스마트폰이 존재하지 않았던 시절에는 스마트폰을 내놓으며 기술혁신이 고객들의 다양한 문제를 해결할 수 있다고 마케팅했습니다. 좀 더 빠르고 다양한 방법으로 소통할 수 있는 방법을 제시하고 생활을 편리하게 바꿀 수 있다고 말하면서 말입니다. 자동차를 세상에 내놓습니다. 더 빠르고 지치지 않는 말을 만들어 낸 것이죠. 최신 트렌드의 패션과 명품 브랜드들이 고객들을 유혹하는 마케팅을 합니다. 자아표현에 대해 잠재되어 있는 욕망의 문제를 스스로 생산하고 홍보하며, 동시에 소비라는 솔루션을 제공하면서 말입니다.

하지만 스마트폰으로 늘어난 소통의 양만큼, 질적으로 진정한 의미의 소통이라 할 수 있는 사람과 사람 간의 만남, 그리고 본질적인 삶의 다양한 문제들이 개선되거나 해결되었는지는 의문입니다. 오히려 스마트폰을 통해 실제 사람들은 더 멀어지고 더 많은 문제들이 생겨난 것은 아닌지 모르겠습니다. 더 빠르고 편리한 교통수단들이 생겨났지만 그만큼 우리들의 삶이 더 가치 있는 시간으로 엮이게 되었는지 자신할 수는 없습니다. 어쩌면 더 빨라지고 있는 속도만큼이나 우리들 자신도 의미와 실체를 잃어가고 있는 것은 아닐까요. 마케팅이 소비를 통한 자아 표현보다 어쩌면 충분히 소비하지 못하는 반대급부의 상대적 박탈감의 문제를 더 많이 드러내도록 하지 않았는지도 모릅니다.

혁신이라는 이름의 마케팅은 지금까지 고객 문제를 해결하는 방식으로 '소비' 자체를 제안해왔습니다. 아이러니하게도 마케팅은 스스로 고객문제의 솔루션으로 제시한 소비라는 방법이, 끊임없이 더 큰 문제와 소비로 재생산되며 순환할 수 있도록 모순을 만들어내야 하는 구조에 태생하고 있습니다. 마케팅이 문제를 해결하면 할수록, 더 많은 문제들이 발생해야만 하는 것이죠. 사실 이것이 현대 마케팅의 민낯입니다. 동시에 마케터로서 고민하게 되는 지점이기도 합니다.

책의 서두에 CSR·CSV를 강조한 것도 기업과 마케팅의 이러한 모순과 문제들이 사회 속에서 선순환될 수 있는 방법 중 하나이기 때문입니다. 다행히도 기업의 윤리와 도덕, 그리고 사회적 활동이라는 항목을 가치 있는 소비의 한 범주로 인식하고 실천하는 고객들이 점점 늘어나고 있습니다. 이러한 현실에 발맞춰 이제 마케팅을 담당하는 마케터들의 인식도 변화되어야 합니다. 단순한 소비의 재생산이라는 모순적 관점을 넘어 고객의 인간다운 삶이라는 사회적 책임의 관점에서 전략을 수립할 필요가 있는 것이죠.

궁극적으로 인간과 행복의 문제에 대한 고민과 성찰이 담긴 마케팅이 필요한 시대가 되었습니다. 지금까지의 마케팅이 생산과 소비를 촉진시키고 성장에 기여하는 기술적 역할을 해왔다면, 앞으로의 마케팅은 인간과 행복의 본질을 성찰하는 성숙한 시대의 철학이 될 것이라 확신합니다.

■ 절대고객, 가장 가까운 곳에 있다

"가장 중요한 고객은 누구입니까?"

만약 이와 같은 질문을 받는다면 여러분은 어떻게 대답하시겠습니까?

현재 매출을 많이 올려주고 있는 VIP고객? 신규고객? 아니면 가장 오랫동안 거래를 유지하고 있는 고객? 그것도 아니라면 앞으로 고객이 될 가능성이 높은 가망고객? 어느 고객이 가장 중요하다고 생각하고 계신가요? 사실 이 질문은 마케팅에서 가장 중요한 질문 중에 하나입니다. 이 질문에 대한 답에 따라 마케팅 전략은 물론 전체적인 경영전략까지 완전히 달라질 수 있기 때문입니다. 물론 정해진 답은 없습니다. 만약 기존의 고객 자체가 충분히 존재하지 않는다면 목표는 당연히 신규고객 창출일 것입니다. 반대로 성숙기에 접어든 시장에서는 기존 고객들을 유지하고, 타사 브랜드로의 전환과 이탈율을 최소화하는 락인Lock-in 전략이 핵심적인 마케팅 목표가 될 수 있겠죠. 그럼 상황에 따라 다를 수 있는 '가장 중요한 고객', 지금 여러분은 어떤 생각들이 떠오르고 계신가요?

잠재고객, 가망고객, 신규고객, 기존고객, 핵심고객, 이탈고객,

내부고객, 외부고객, 중간고객, 체리피커, 블랙컨슈머...

다양한 고객분류

다양한 기준으로 복잡하게 나누어 놓은 고객 분류를 외우고 있을 필요는 없습니다. 하지만 고객의 목록 중에 가장 중요한 고객이 누구인지에 대한 합의는 필요할 것 같습니다. 이미 눈치 채고 계신 분들도 있겠지만, 마케팅에서 가장 중요한 핵심고객은 바로 '내부고객'입니다. 내부고객은 함께 일하고 있는 회사의 동료를 비롯한 임직원입니다. 마케팅 전략에서 가장 중요한 고객이 일반적으로 생각하는 그 고객이 아니라, 바로 내 옆에서 일하고 있는 동료들이라니 놀랍지 않은가요?

고객, 그중에서도 내부고객은 마케팅뿐만 아니라 인사·조직 등의 경영 전반에 걸쳐 핵심적인 역할을 합니다. 1인 기업이 아니고서야 사람이 없거나 적합한 사람을 채용하지 못하면 회사 자체가 제대로 돌아가지 않을 것이 분명합니다. 특히, 마케팅 전략 측면에서 내부고객은 다른 그 어떤 고객보다 우선적으로 다루어져야 하는 핵심고객입니다.

내부고객을 가장 중요한 고객으로 인식해야 하는 이유는 바로 그들이 가지고 있는 '정보의 신뢰성' 때문입니다. 예를 들어 이번에 회사에서 새롭게 출시한 화장품이 있다고 가정해볼까요? 마케팅 부서에서는 광고·홍보·PR 등을 통해 화장품을 알릴 수 있도록 동원할 수 있는 모든 채널을 이용하여 마케팅할 것입니다. 아마 수없이 많은 예산이 들어가겠죠. TV·라디오·신문 등 매스미디어를 통한 대대적인 IMC Integrated Marketing Communication 전략을 실행한다면 적어도 수십억의 광고비용이 투입될 것입니다. 물론 SNS, 검색 엔진을 통한 마케팅도 빼놓을 수 없겠죠? 그런데 만약 새롭게 출시한 화장품에 만족하지 못하는 내부고객이 있다면 어떨까요? 이 내부고객은 이런저런 이유를 들어 지인들에게 새롭게 출시한 화장품을 부정적으로 이야기할 것입니다. 회사 내부에서 근무하는 직원의 한마디는 파급력이 굉장히 큽니다. 외부의 고객들은 그가 신뢰할 수 있는 많은 정보를 가지고 있다고 간주하기 때문입니다. 만약 유명 연예인을 기용해 TV를 비롯한 다양한 매체를 통해 이번에 새롭게 출시한 화장품이 좋다고 광고하는 것과, 실제 회사에서 일하는 직원이 해당 화장품을 사지 말아야 하는 이유를 올린 SNS의 글, 혹은 지인들에게 이야기한 부정적인 정보 중 과연 어느 것이 더 강력하게 소비자를 움직이는 정보일까요? 두말할 필요도 없이 해당 회사를 다니는 직원의 이야기일 것입니다. 아무리 많은 예산을 들여 마케팅을 해도 내부에서 일하는 직원들이 해당 상품에 대해 부정적인 이야기와 메시지를 전파한다면 당해낼 도리가 없습니다. 내부직원이 하는 말은 돈으로도 살 수 없는 가장 믿을 만한 정보의 원천이기 때문입니다.

예를 들어 YG엔터테인먼트라고 하면 떠오르는 것이 무엇이 있을까요? 당연히 수많은 가수와 연예인들이 떠오르겠지만, 구내식당을 떠올리는 분들도 있으실 것 같습니다. 소속 연예인들을 위해 이 회사의 대표가 직접 홍대 인근에서 음식을 잘하는 쉐프를 기용했다고 합니다. 방송에서 여러 차례 이 회사의 구내식당 음식이 맛있다는 이야기들이 오가면서 생각지도 못하게 유명해졌습니다(아쉽게도 이 회사의 직원이 아니면 이용할 수 없다고 합니다). 그렇다면 이런 이야기를 하는 사람들이 누구인가요? 바로 소속 연예인, 즉 내부고객입니다. 이들이 직접 맛있다고 이야기하니 의심의 여지가 없는 것은 당연합니다.

내부고객의 중요성을 인지하고 있는 기업들은 보통 회사에 관한 부정적인 뉴스가 터지거나 신제품을 출시하는 등의 이슈가 생기면 가장 먼저 내부고객인 직원들을 대상으로 해당 사안에 대한 교육을 실시합니다. 부정적인 뉴스에 대해, 사실은 그렇지 않다는 내용의 반박 자료와 교육을 실시하거나, 신제품이 출시되면 내부고객들의 의견을 수렴하고, 경험하게 합니다. 내부고객으로 인해 향후 발생할 수 있는 마케팅 커뮤니케이션상의 부정적인 노이즈를 사전적으로 차단하고 검증을 하는 것이죠.

내부고객은 경우에 따라 그 자체로 마케팅 채널이 되는 경우가 있습니다. 바로 B2B 영업조직으로 이루어진 사업 분야가 하나의 예입니다. 내부고객인 영업사원이 외부고객을 상대로 자사의 상품과 서비스를 제안하고 설득하는 것입니다. 이 경우, 내부고객은 당장 회사의 존립 여부를 결정하는 핵심적인 변수가 됩니다. 내부고객이 단순히 부정적인 정보를 외부에 전파하는 것을 방어하는 차원을 넘어, 적극적으로 마케팅하고 직접 세일즈해야 하는 역할을 수행하기 때문입니다. 영업조직을 갖추고 있는 모든 회사들은 내부고객, 즉 영업사원의 역량에 대해 많은 고민을 하고 있을 것입니다. 사람들에게 영업사원에게 가장 중요한 역량을 꼽으라고 하면 대부분 사교성, 적극적인 성격 등을 이야기합니다. 기업의 인사담당자들도 이와 같은 생각을 할 것입니다. 각종 설문조사나 연구결과를 보면 인사담당자를 포함한 대부분의 사람들이 선호하는 이상적인 영업사원의 역량은 우리가 처음 떠올리는 그것과 언제나 비슷합니다.

하지만 최근 성과가 좋은 영업사원들을 대상으로 진행한 연구에서 의외의 결과가 나왔습니다. 사교적인 성격이나 호감이 가는 외모, 또는 거래처를 자주 방문하는 등 우리가 흔히 생각하는 요소들은 영업사원들의 성과를 좌우하는 결정적인 요소가 아니었습니다. 말을 잘하기보다 잘 듣는 사람이 더 좋은 성과를 낸다는 것과 같은 다양한 요소가 있었지만, 가장 결정적인 요소는 바로 '믿음과 확신Belief'이었습니다. 뛰어난 영업사원들의 공통점은 자신이 판매하고 있는 상품과 서비스가 스스로 생각하기에도 훌륭하고 추천할 만하다는 확신과 믿음을 가지고 있는 사람들이었습니다. 자기 스스로를 설득시키지 못하는 상품과 서비스를 다른 사람에게 권유하고 추천할 수는 없는 것은 어쩌면 당연한 노릇입니다.

현장에서는 세일즈에 대한 동기부여를 위해 각종 인센티브가 포함된 정책과 MBOManagement By Objectives [10]를 통해 내부고객을 움직일 수 있다고 생각하는 경향이 있습니다. 결국 경제적 보상이 행동을 유발한다는 전제를 통해 전략이 수립되는 것입니다. 하지만 많은 사례의 연구들이 경제적 보상을 통한 동기부여와 지속성, 그리고 효과성과 효율성의 한계를 지적하고 있습니다. 관리의 측면에서 정책을 만들어내기 이전에 내부고객과의 적극적인 소통을 통해 이들을 설득시

10) MBO : 목표관리로 개인별로 세운 목표를 어느 정도 계획대로 달성했는지를 측정하고, 목표 달성도를 기준으로 해서 통제해 가는 경영 방법입니다.

키고 공감을 끌어내는 것이 무엇보다 중요합니다. 내부고객의 전폭적인 지지와 공감을 얻지 못한 채, 중간고객과 외부고객에 대한 마케팅을 적극적으로 진행하는 것은 밑 빠진 독에 물을 붓겠다는 선언과 마찬가지입니다. 요즘 유행처럼 번지고 있는 1인 기업도 이와 다르지 않습니다. 1인 기업은 자기 스스로가 경영자인 동시에 내부고객입니다. 스스로 믿음과 신념이 생기지 않는 일, 내가 원하지 않는 의사결정을 해선 안 될 것입니다.

지금까지 내부 마케팅 즉, 신뢰할 수 있는 정보의 원천인 내부고객이 마케팅에 미치는 영향력과 중요성에 대해 이야기해보았습니다. 누구나 정보와 콘텐츠의 생산자가 될 수 있다는 점에서 갈수록 내부 마케팅은 중요해지고 있습니다. 조금 더 깊이 생각해보면 결국 다시 원점인 기업의 철학과 미션으로 돌아오게 됩니다. 지금 내가 하고 있는 일의 본질적인 의미가 무엇인지, 그것이 누구에게 어떻게 가치 지어질 수 있는 일인지, 마지막으로 왜 이 일을 해야 하는지에 대한 답을 기업의 철학과 미션에서 찾을 수 없거나 또는 내부고객과 공유되어 있지 않다면 마케팅은 허공에 쏘아대는 의미 없는 외침에 불과할 것입니다.

"신념을 가진 한 명은 관심만 있는 아흔아홉 명보다 힘이 세다."

- 존 스튜어트 밀 -

■ 한계고객을 양산하는 마케팅, 과감하게 버려라

체리피커Cherry picker와 블랙컨슈머Black consumer라는 고객들이 있습니다. 이들은 기업들이 제공하는 혜택만을 취하는 고객을 뜻합니다. 체리피커는 기업의 입장에서는 얄밉지만, 법과 기업이 정해놓은 규정의 테두리 안에서 정해진 방법으로 이득을 취합니다. 블랙컨슈머는 부당한 방법으로 이득을 취하려는 사람들입니다. 특히 블랙컨슈머는 JS(진상고객)라고도 하는데, 이러한 고객을 한계고객이라고 합니다. 한계고객은 다음과 같은 행동을 하는 사람들입니다.

- 신용카드에서 제공하는 할인, 제휴 또는 가입 시 혜택을 얻고 나면 사실상 카드를 사용하지는 않습니다.
- 실제 외출 시 옷을 몇 번 입고 나서 인터넷이나 홈쇼핑의 반품제도를 이용하여 반품합니다.
- 스마트폰이나 PC의 A/S 기간이 끝날 때쯤 되면 일부러 기기의 고장을 일으켜 교환을 받습니다.
- 유명 블로거, 혹은 SNS의 영향력을 이용하여 무리한 요구를 하거나 협박에 가까운 말로 이익을 취합니다.
- 음식이나 먹을 것에 이물질이 나왔다고 거짓말을 하여 보상을 받아내려고 합니다.

이 밖에도 이케아 매장 오픈 당시 이케아에서 제공하는 연필을 한 사람이 몇 개씩 가져가는 바람에 보통 2년 정도 보급할 수량의 연필이 며칠 만에 동이 나거나, 코스트코에서 푸드코트를 이용하는 고객들을 위해 무료로 제공하는 양파를 큰 봉투에 가득 담아가는 광경을 볼 수 있었습니다.

정말이지 그리 바람직해 보이는 모습은 아닙니다. 기본적으로 다른 사람을 배려하기보다 자신의 이익을 챙기기에 급급한 모양이니 말입니다.

한계고객은 원래 혜택이 돌아가야 할 진성고객들에게 피해를 입히고, 기업과 고객이 부담해야 하는 비용을 상승시키는 결과의 원인이 됩니다. 하지만 이를 고객의 탓으로만 돌릴 수는 없습니다. 왜냐하면 신규고객을 창출하고 매출을 단기적으로 끌어올리기 위해 무리한 마케팅을 하고, 한계고객을 스스로 만들어내는 기업에게 일차적 책임이 있다고 할 수 있기 때문입니다. 일시적인 혜택으로 인해 유입된 고객은 경쟁사에서 더 큰 또 다른 혜택을 제공하면 언제든지 다시 돌아설 수 있는 준비가 되어 있는 고객입니다. 고객을 단순히 정량적인 숫자로 본다면 일시적 혜택은 그만큼의 일시적 효과를 발휘하기 때문에 꽤나 효과적으로 느껴집니다. 하지만 장기적인 관점에서 한계고객은 가치 있는 정상적인 고객의 혜택을 극적으로 감소시킵니다. 예를 들어 선착순 행사나 수량이 제한되어 있는 프로모션 등을 진행하면 이런 정보를 가장 빠르게 수집하는 것은 일반적인 진짜 고객이 아니라, 체리피커입니다. 이들은 수시로 자신이 혜택을 받을 수 있는 항목의 이벤트와 혜택들을 찾아다니기 때문입니다.

혜택의 몫은 정상적인 고객보다 혜택이 있는 곳에 정보수집의 초점이 맞춰진 한계고객에게 돌아가고, 여기에서 발생하는 비용은 다시 해당 상품과 서비스를 이용하는 진짜 고객이 부담하게 됩니다. 진짜 고객에게 돌아가야 할 가치의 몫을 허수에 낭비함으로써 진성고객이 느끼는 전체적인 가치는 떨어지게 됩니다. 편익은 줄어들고 비용은 늘어나게 되는 것입니다.

이러한 체리피커 성향의 고객은 산업군마다 다르겠지만 일반적으로 전체 고객의 20~25% 정도를 차지합니다. 그리고 이 말은 동시에 다음과 같이 해석할 수 있습니다.

"만약 눈에 띄는 혜택으로 가득한 매력적인 마케팅을 하면 당장
타사 고객의 20~25% 정도가 신규고객으로 가장 먼저 몰려올 것입니다.
하지만 이것이 악몽인 이유는,
이 고객들은 혜택에 대한 수차례의 다양한 학습효과로 인해
웬만해서는 만족하지 않는소비자라는 사실입니다."

혜택을 받으면서도 만족을 모르는 소비자, 심지어 그것을 편익의 관점에서 혜택이라고 생각하기보다 비용의 관점에서 무료라고 인식하는 소비자, 과연 이런 고객을 만들어내는 마케팅을 계속해야 할까요?

물론 체리피커를 완전히 막을 수 있는 방법은 없습니다. 다만 체리피커에 관한 문제의 본질이 기업 스스로가 고객들의 즉각적인 반응에 집착한 나머지 혹할 만한 아이디어나 이벤트들을 통해 더 많은 체리피커들을 만들고 있다는 사실입니다. 일시적인 거래창출보다 장기적인 관점에서 관계를 창출하는 마케팅으로 전환하고, 전략의 초점을 자극성이 아닌 진정성으로 옮겨 마케팅의 궁극적인 목표인 지속가능성에 기여할 수 있도록 해야 합니다.

이를 위해서 무엇보다 중요한 것은 표면적인 성공을 위한 고객과 시장의 무리한 확장보다, 지금 관계를 맺고 있는 현재의 고객과 정서적 유대를 통한 관계적 성장을 추구하는 것이 기업자산의 측면에서도 바람직합니다.

■ 고객을 차별하면 가치는 극대화된다

모든 자원은 한정되어 있습니다. 그렇기 때문에 선택과 트레이드오프는 필연적입니다. 선택은 무언가 추가하는 것이 아닌, 포기할 것을 정하는 일이라는 것을 책의 서두에서 언급했습니다. 고객 역시 트레이드오프의 관점에서 바라볼 필요가 있습니다.

"모든 고객에게 최선을 다한다."

이것은 우리가 이상적으로 추구하는 목표가 될 수 있습니다. 하지만 마케팅을 위한 예산을 배분할 때도 모든 고객을 위해 동일한 예산을 배분해야 할까요? 모든 고객을 위한 마케팅 활동은 그 누구도 이의를 제기할 수 없을 만큼 개념적으로 가장 이상적이고 완벽한 모델입니다. 하지만 우리는 무엇을 포기해야 할지 선택해야 합니다.

가장 먼저 포기해야 하는 고객은 누구일까요? 고객을 포기한다는 자체가 굉장히 불편하게 느껴질 수 있습니다. 하지만 앞으로는 무언가를 포기하는 것에 조금씩 익숙해져야 합니다. 사실 이 질문은 뒤에서 다루게 될 STP의 핵심적인 질문입니다. 다만 지금 이야기하는 고객이란 STP 관점에서 이야기하는 개념이 아닌 잠재고객, 가망고객, 신규고객, 기존고객, 핵심고객, 이탈고객과 같은 일반적인 고객 분류입니다.

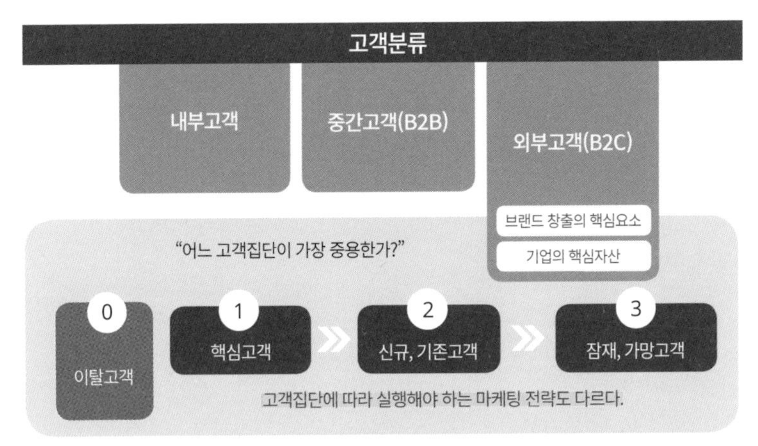

고객 분류에 따른 중요도

상대적으로 가장 먼저 포기해야 하는 고객은 바로 잠재고객과 가망고객입니다. 이들은 앞으로 고객이 될 가능성이 있는 사람들입니다. 하지만 지금 우리의 상품과 서비스를 이용하고 있는 현재의 고객은 아닙니다. 잠재고객과 가망고객은 어떤 기업에게나 아주 매력적인 단어입니다. 이들만 있으면 기업은 급속하게 성장하고 큰 성공을 거머쥘 수 있을 것 같다는 착각을 하기 때문입니다. 하지만 일반적으로 잠재고객을 신규고객으로 전환하는 것은 기존고객을 유지하는 것보다 5배 이상의 비용이 듭니다. 수많은 사람들이 신규고객을 창출하는 것에 집중하는 것이 비즈니스 성장과 성공을 위해 도움이 된다고 생각하지만, 대부분의 경우 명백한 착각입니다. 오히려 기존고객과의 관계에 집중하는 것이 낫습니다. 필립 코틀러는 다음과 같이 이야기합니다.

"기업은 수익의 90%가 기존 고객들로부터 나오고 있음에도
마케팅 예산의 70%를 새로운 고객 유치에 쓰고 있다."

물론 각각의 시장과 상황이 다른 만큼 이 말에 전적으로 의존할 수는 없습니다. 하지만 적어도 현장에서 일어나고 있는 신규고객 창출에 대한 집착, 또는 본능과도 같은 관습을 거의 정확하게 짚어낸 말입니다.

"기존고객이 신규고객보다 구매성향이 2배 높다는 연구 결과와
기존고객의 이탈 5%를 줄이면 수익성의 25%가 개선된다"

이 사실을 아무리 이야기해도 잠재고객을 신규고객이라는 수면 위로 끌어올리고 싶은 유혹을 참기 어렵습니다. 위와 같은 이유 외에도 마케팅에서 기존고객에 집중해야 하는 것은 기존고객은 내부고객과 마찬가지로 그 자체로 마케팅 채널이기 때문입니다. 이들은 주변에 잠재고객이 포착되는 순간 자신과 긍정적인 관계를 맺고 있는 상품을 추천합니다. 흔히 입소문이라고 말하는 가장 강력한 커뮤니케이션이 이루어지는 것이죠. 이런 관점에서도 익명의 다수를 통해 신규회원을 유치하려는 전략보다는 기존고객들에게 혜택을 주고 이들을 통해 신규회원이 유입될 수 있도록 유도하는 것이 비용 측면, 또 기존고객의 이탈을 줄이고 충성도를 높이는 데 도움이 됩니다.

기존고객, 그중에서도 핵심고객은 파레토의 법칙Pareto's law으로 비유되곤 합니다. 이 법칙은 상위 20%의 고객이 전체 매출의 80%를 차지한다는 것으로, 핵심적인 활동 20%가 전체 성과에서 80%의 영향을 미친다는 의미로 사용되기도 합니다. 이와 반대로 크리스 앤더슨Chris Anderson의 롱테일 법칙Long tail theory이라는 것이 있습니다. 미국 아마존의 판매 데이터를 기반으로 80%의 사소한 다수가 20%의 핵심적인 소수보다 더 큰 가치를 창출한다는 이론입니다.

인터넷의 발달로 공간적인 개념의 장벽이 사라지면서 기존에는 모두 진열할 수 없었던 상품들도 쇼핑몰에서 직접 소개하고 판매할 수 있게 됨에 따라 사소한 80%가 중요한 가치를 갖는다는 것입니다. 하지만 최근에는 원래 롱테일 법칙에서 주장하고자 했던 사소한 다수 80%의 가치보다, 오히려 파레토 법칙에서 이야기하는 상위 20%의 가치가 더 중요해지고 있다는 사실이 데이터를 통해 드러나고 있습니다. 양극화가 더 심해지고 있는 것이죠. 그렇기 때문에 롱테일 법칙을 80%가 가지고 있는 비즈니스 잠재력의 관점에서 틈새시장 공략을 통한 경쟁우위를 논의하는 관점으로 본다면 더 많은 통찰력을 얻을 수 있을 것입니다.

공자는 존비친소尊卑親疎라는 말을 통해 분별적인 사랑을 이야기했습니다. '전혀 모르는 타인보다 이웃사람을, 이웃사람보다 내 가족을 사랑하라'는 의미입니다. 아주 상식적인 말이죠? 여기에 비춰보면 '잠재고객보다는 신규·기존고객, 신규·기존고객보다는 핵심고객을 사랑하라'는 이야기가 될 것입니다. 사실 어렵게 설명할 필요도 없이 너무나도 당연한 말이 아닐까 싶습니다. 군군, 신신, 부부, 자자(君君, 臣臣, 父父, 子子)라는 말도 있듯이, 이 말로 대신하고 싶습니다.

"신규는 신규답게, VIP는 VIP답게"

■ 백만 원짜리 아메리카노 주세요!

지금 여러분은 카페에서 아메리카노를 판매하고 있습니다. 고객 한 명이 문을 열고 들어옵니다. 그리고 3천 원짜리 아메리카노 한 잔을 주문합니다. 3천 원짜리 아메리카노를 주문한 고객은 우리에게 3천 원만큼의 가치가 있는 고객일 것이고, 결과적으로 3천 원 가치만큼의 상품을 제공하고 서비스하면 될 것 같습니다.

이번에는 또 다른 고객 한 명이 문을 열고 들어옵니다. 이번에도 3천 원에서 5천 원 정도의 음료를 주문하겠거니 생각했는데, 예상치 못하게 이 고객은 백만 원짜리 아메리카노를 달라고 합니다. 만약 백만 원짜리 아메리카노를 판매할 수 있다면 기분이 어떨 것 같은가요? 3천 원짜리 아메리카노를 판매할 때보다 왠지 더 정성스럽게 커피를 내리고, 더 좋은 서비스를 제공해야 할 것 같은 기분이 들지 않을까요? 아마 실제 판매하는 입장에서도 더 기분 좋게 고객을 맞이하고 응대하게 될 것입니다.

그런데 혹시 이 사실을 알고 계신가요? 여러분이 매일매일 만나는 대부분의 고객들은 이미 백만 원이 넘는 아메리카노를 구매하고 있다는 사실을요. 이게 무슨 말일까요? 마케팅에서 고객생애가치를 뜻하는 용어인 CLV Customer Lifetime Value 를 이해하면 좀 더 쉽고 다른 각도로 고객을 평가할 수 있을 것 같습니다. 고객생애가치란 한 고객이 평생 동안 한 기업에게 제공할 것으로 예상되는 이익의 합계를 말합니다. 아메리카노를 예로 들자면, 고객 한 명이 평생 동안 한 카페에서 아메리카노를 마시게 될 총매출을 뜻하는 것입니다. 3천 원짜리 아메리카노를 매일 한 잔씩 사먹는 고객이 있다고 가정해볼까요? 이 고객은 현재 1년째 매장을 방문하여 늘 똑같은 아메리카노를 주문하는 고객입니다. 그렇다면 지난 1년간 이 고객이 매장에 소비한 금액은 3,000×365=1,095,000으로 대략 백만 원이 됩니다. 앞으로 이 고객이 향후 3년간 우리 매장을 계속해서 찾는다면 이 고객을 단순히 3천 원짜리 아메리카노를 구매하는 고객으로 대접해야 할까요? 아니면 4백만 원짜리 아메리카노를 구매하는 고객이라고 생각하고 서비스해야 할까요?

얼마짜리 아메리카노를 판매하고 있는 걸까? (자료 : Unsplash)

고객생애가치를 구하는 공식이 따로 있습니다. 그리고 R.F.M[Recency. Frequency. Monetary value]이라는 시장분석기법의 항목인 최근구매시점, 일정한 기간 동안 얼마나 자주 구매했는지, 구매의 규모는 어느 정도인지를 통해 고객을 분류하고 가치를 평가하기도 합니다. 하지만 여기에서 전달하고 싶은 이야기의 핵심은 정확한 고객생애가치를 구하고 R.F.M으로 고객군을 나누고 분류하는 것이 아니라, 고객에 대한 인식과 태도, 즉 고객의 가치를 평가하는 발상의 전환에 있습니다.

3천 원짜리 아메리카노를 판매한다고 생각하고 고객을 대하는 것과 백만 원짜리 아메리카노를 판매한다고 생각했을 때 우리의 태도는 분명히 다를 것입니다. 그렇다면 매일 매장을 찾아주는 고객 모두를 그런 마음과 생각으로 대하면 어떨까요? 구매하는 고객도 그 마음과 태도를 단번에 알아챌 것입니다.

고객을 경제적 가치로 환산해서 그 가치만큼 대접한다는 발상은 본질적으로 바람직하지 않지만, 적어도 경제적 개념적으로라도 한 명의 고객이 우리에게 안겨주는 총 가치를 떠올리면 마음가짐도 조금은 달라질 것입니다. 이 마음가짐과 작은 관점의 차이에서 마케팅은 시작됩니다. 지금 고객이 구매한 아메리카노가 단순히 3천 원짜리가 아니라, 백만 원 이상의 가치가 있는 소중한 한 잔이었다는 사실. 앞으로도 잊지 말고 마음속으로 적용해보면 좋을 것 같습니다.

■ 앞에서는 손해, 뒤에서는 이익을 얻는 방법

기업이 제공하는 혜택만 골라서 취하는 얄미운 고객들, 체리피커에 대해 이야기했었습니다. 그렇다면 기업은 왜 체리피커를 만들어내는 프로모션과 이벤트, 사은품 등의 파격적인 혜택을 내세우면서까지 무리하게 신규고객을 유치하는 걸까요? 그 이유는 CLV(고객생애가치)와 관련이 있습니다. 보통 마케팅 예산과 규모, 타깃을 정할 때 중요한 기준이 되는 것은 바로 현재고객의 미래가치, 즉 고객생애가치입니다. 먼저 기존고객들의 생애가치를 분석하고, 그 결과에 따라 신규고객의 1인당 가치를 평가합니다. 예를 들어 고객 1인당 평균 고객생애가치가 백만 원, 이 중 세후 모든 비용을 차감한 고객 1인당 순이익이 20만 원이라고 가

정해보겠습니다. 경제적 가치로는 20만 원이겠지만, 고객이 회사의 상품·서비스를 이용하고 있다는 사실 자체도 회사 입장에서는 실질적인 무형자산이라고 할 수 있습니다. 따라서 재무적으로 평가되는 가치보다 실제 가치는 더 높다고 봐도 무방합니다. 이럴 때 고객 한 명을 유치하기 위해 얼마만큼의 마케팅 예산을 책정해야 할까요? 상황과 목적에 따라 다르지만 적어도 고객 한 명을 유치하기 위해 20만 원의 예산을 지출한다 해도 손해는 아닌 상황입니다. 이렇게 해서 많은 고객들을 유치하면 규모의 경제를 통해 부가적인 가치를 창출할 기회가 생길 수 있기 때문입니다.

잡지를 사면 잡지 가격보다 높은 부록을 사은품으로 제공하거나, 인터넷과 전화를 다른 회사로 바꾸거나 새로 가입하면 적지 않은 금액의 현금을 주기도 합니다. 전에는 신문을 구독하면 자전거를 주는 것이 일반적인 프로모션이었습니다. 카드사의 VIP 카드의 경우, 비싼 연회비도 연회비이지만 그 연회비를 훨씬 상회하는 혜택들로 고객들을 유치하고 있습니다.

이제 조금 감이 오시나요? 잡지사, 인터넷과 전화, 카드사는 이런 프로모션을 준비하면서 이미 철저하게 고객의 1인당 고객생애가치를 계산했습니다. 그리고 당장은 기업이 손해를 보는 것 같은 거래를 통해 고객이 심리적으로 쉽게 지갑을 열 수 있도록 유도합니다.

잡지와 신문, 이유 있는 사은품 (자료 : Unsplash)

잡지사와 신문의 경우, 고객이 일단 한번 정기구독을 신청하고 이들이 제공하는 콘텐츠에 익숙해지면 특별한 이유가 없는 한 오랫동안 구독을 유지하는 것이 특징입니다. 이것을 심리학에서는 현상유지 편향Status quo bias 이라고 합니다.

사람들은 현재의 익숙한 조건에서 벗어나는 것을 매우 꺼려합니다. 실제로 자신에게 익숙한 것을 낯선 것으로 바꾸는 것은 모험이기도 합니다. 큰 문제가 없는 한 현재의 상태를 유지하는 것이 심리적으로도 편하기 때문입니다. 이런 점을 이미 알고 있는 잡지사와 신문사들은 제공하는 상품보다 더 비싼 사은품으로 당장 고객을 확보하고 오랫동안 고객을 유지함으로써 결과적으로 이익을 얻습니다. 하지만 카드사의 경우는 조금 다릅니다. 카드사에서 VIP에게 발급하는 카드를 보면 도저히 카드사에 이익이 날 것 같지 않은 혜택을 제공합니다. 실제로 카드사는 일정 부분 손해를 감수하면서 VIP들에게 연회비 이상의 가치를 제공하고 있습니다. 그 이유는 고객생애가치에서 경제적 가치가 아닌 브랜드라는 무형적 가치에 초점을 두고 있기 때문입니다. 사회적으로 영향력이 있거나 어느 정도의 지위를 가지고 있는 사람들이 자사의 카드를 사용하게 만들고 이들이 카드를 간접적으로 마케팅하게 만드는 것입니다. 특히, VIP들이 가장 많이 이용하는 카드와 같은 타이틀은 해당 카드를 사용하는 일반 사용자에게도 자부심, 명예, 소속감과 같은 정서적인 편익을 높여주는 역할을 하게 됩니다. 브랜드 레버리지Brand leverage 전략의 일환인 것이죠.

고객생애가치를 기반으로 마케팅 전략을 수립하고 고객을 유치했다면, 그다음은 무엇을 해야 할까요? 이제 고객과 첫 만남을 가졌으니 앞으로도 오랜 관계를 유지하는 것이 좋겠죠? 그리고 오랫동안 관계가 유지되면서 고객생애가치를 극대화할 수 있다면 최고의 만남이 될 것입니다. 고객생애가치를 높이는 방법에 대한 이야기를 들어가기 전에 먼저 세 가지 원칙을 정하고 시작했으면 합니다.

1. 고객과 오랫동안 관계를 유지할 것
2. 고객의 생애가치를 극대화시킬 것
3. 고객의 생애가치를 높이기 위해 고객과의 관계를 훼손시키지 말 것

■ 고객가치 극대화를 위한 방법

관계를 맺는 것도 중요하지만, 서로가 서로에게 의미 있는 존재로 오랫동안 관계를 지속하는 것이 더 중요합니다. 고객과 오랫동안 관계를 지속하기 위한 방법, 마케팅에서는 고객과의 지속적인 관계를 통한 가치 극대화에 어떻게 접근

하고 있을까요?

먼저 고객을 구별합니다. 지속적으로 관계가 유지될 수 있는, 그러면서 자사에 큰 이익을 안겨줄 것으로 기대되는 고객들을 특별하게 관리하는 것입니다. 백화점에서 연간 일정금액 이상을 구매하는 VIP들에게 제공하는 VIP라운지 서비스, 발렛파킹, 공연, 전시 등의 문화 행사에 초대하며 더 큰 혜택을 주는 것을 예로 들 수 있습니다. 우량고객에게 차별화된 서비스를 제공하여 자사의 고객이 경쟁사로 이탈하지 않도록 하는 것입니다. 이러한 것을 락인Lock-in이라고 합니다. 고객생애가치 극대화를 위한 락인 전략에는 굉장히 다양한 방법들이 있습니다. 가장 대표적인 것이 전환장벽Switching barrier의 구축입니다. 전환장벽은 주로 고객의 비용 관점에서 설계됩니다. 여기에서는 비용이 경제적인 의미의 비용만을 의미하는 것이 아니라는 점에 주의해야 합니다. 고객이 브랜드 스위칭Brand switching을 하려고 할 때 경제적·심리적·시간적 비용을 발생하게 만들고, 현상유지 편향을 통해 락인 효과가 일어날 수 있도록 하는 것입니다.

먼저 간단한 예를 들어볼까요? 쿠폰이나 적립금을 이용한 리피팅Repeating 역시 전환장벽입니다. 이미 쌓여있는 쿠폰이나 적립금으로 고객이 브랜드를 스위칭하게 될 경우, 전환비용을 발생시키는 것입니다. 이 전환비용을 통해 고객을 락인시키려고 할 때, 중요한 것은 쿠폰과 적립금으로 인한 혜택이 고객들로 하여금 그들이 생각했던 것보다 이미 목표 지점에 더 가까워져 있다고 느끼게 만드는 것입니다. 만약 10개의 쿠폰을 모으면 혜택이 주어진다고 가정해봅시다. 만약 여러분이 1개의 쿠폰을 모았다면, 이 1개의 쿠폰이 전환장벽 역할을 하는 전환비용으로 효과가 있을까요? 고객은 그 쿠폰이 있다는 사실조차 모를 수 있습니다. 쿠폰과 적립금을 전환장벽으로 활용할 경우, 중요한 것은 사용할 수 있는 시점입니다. 만약 10개의 쿠폰을 모았을 때 혜택을 주기로 했다면, 처음 시작부터 3~4개 정도의 쿠폰을 찍어주고 고객에게 몇 번만 더 이용하면 목표에 도달할 수 있다는 기대를 심어주는 것입니다. 더 좋은 방법은 쿠폰 10개가 아니라, 5개째에 혜택을 부여하는 것입니다. 그리고 첫 거래 시 3개의 쿠폰을 발행해준다면 고객이 해당 상품과 서비스를 재구매할 가능성이 더 높아지게 되는 것이죠. 적립금의 경우도 마찬가지입니다. 보통 한 번의 거래에 몇 백 원의 적립금이 쌓이는 상품에 '적립금은 만 원 이상부터 사용가능'이라고 한다면 이 적립금은 고객을 락인시키는 전환장벽으로서의 의미를 잃게 됩니다.

보통 스마트폰을 구매할 때는 정해진 기간만큼의 약정할부로 구매를 하게 됩니다. 통신사에서 제공하는 혜택들을 자세히 살펴보면 약정기간을 유지하면 할인 혜택을 받을 수 있지만 그 기간을 유지하지 못했을 때는 불이익을 주는 방식으로 전환장벽을 만들어 놓고 있습니다. 또 통신사나, 음원 서비스를 이용하고 있는 사용자가 회원이나 서비스 탈퇴를 하려고 할 때, 그동안 쌓인 포인트 등을 상기시키면서 서비스를 탈퇴하면 잃게 되는 혜택이 결국 손해로 이어진다는 메시지를 적극적으로 어필합니다. 이 역시 우리가 프로스펙트 이론Prospect theory에서 이야기했던 인간의 손실회피 성향Loss aversion을 이용한 전략입니다.

또 다른 고객 락인 전략으로 아마존의 대시버튼을 예로 들 수 있을 것 같습니다. 대시버튼은 일반가정에서 주기적으로 구매하는 세제, 면도날 등의 생활소비재들을 버튼을 한 번 누르는 것만으로 주문과 결제를 완료할 수 있는 대표적인 사물인터넷Internet of Things입니다. 고객이 상품을 구매하기까지 걸리는 과정과 시간을 극적으로 단축시키고 패턴화함으로써 자연스럽게 고객을 락인하는 것입니다.

아마존의 대시버튼 (자료 : Amazon Website)

고객생애가치를 극대화시키기 위한 또 하나의 방법은 바로 개별화된 고객 맞춤형 서비스를 제공하는 것입니다. 쿠폰을 발행하더라도 개별 고객들의 소비패턴에 따른 맞춤형 쿠폰을 발행하는 것입니다. 아마존 CEO인 제프 베조스는 다음과 같이 개별화에 대한 중요성을 이야기합니다.

"만약 당신에게 450만 명의 고객이 있다면, 상점도 450만 개가 있어야 한다. 즉 방문하는 한 사람 한 사람을 위한 상점이 필요하다."

최근 고객 한 명 한 명을 위한 맞춤형 서비스는 상당한 수준에 도달했습니다. 아마존은 고객들이 일상적으로 사용하는 상품들의 재구매시기를 예측하여 고객이 실제 구매를 하기도 전에 미리 해당 고객 근처의 물류센터에 상품을 입고시켜 놓습니다. 호텔의 경우, 한번 방문한 고객들의 요구사항과 선호하는 객실의 타입과 형태를 꼼꼼하게 기록하고 고객이 체크아웃을 한 뒤에도 객실 이용에 관한 습관을 모두 기록하여 고객의 재방문 시에 특별한 요구사항이 없어도 맞춤형 객실과 서비스를 제공합니다. 실제로 저도 호텔을 이용하면서 실내가 건조한 것 같아 가습기를 요청한 적이 있었는데, 다른 지역에 있는 해당 브랜드의 호텔을 이용할 때 객실에 가습기가 준비되어 있었습니다.

미국의 대형 소매 유통업체 타깃Target 에서는 고객이 구매한 상품으로 고객의 프로파일을 분석하여 정교하게 고객군을 분류하고 맞춤형 서비스와 마케팅을 진행하고 있습니다. 그 시스템이 얼마나 정교한지, 심지어 이러한 일도 있었다고 합니다. 한 여고생에게 맞춤형으로 발송된 출산 관련 상품들의 쿠폰과 추천을 의아하게 여긴 여고생의 아버지는 업체에 자신의 딸에게 왜 이런 쿠폰을 보냈는지 항의했습니다. 쿠폰과 추천정보들은 고객관리 시스템에서 고객의 기본정보와 쇼핑 품목, 그리고 쇼핑 패턴에 따라 분류되어 있는 대로 자동적으로 발송된 것이었습니다. 나중에 알고 보니 그 여성고객은 임신한 상태였습니다. 물론 해당 여고생과 아버지는 그 사실을 몰랐기 때문에 출산 용품에 관련한 추천과 쿠폰에 의아해했던 것이죠. 기업의 고객 맞춤형 서비스가 어느 수준에까지 도달했는지 가늠할 수 있으시겠죠?

이렇게 맞춤형 고객서비스를 위한 데이터 수집과 분석, 그리고 실행에 관한 활동을 고객관계관리, 즉 CRM^Customer Relationship Management^이라고 합니다. CRM은 고객들을 통해 수집한 단순한 데이터에서 의미 있는 정보를 해석하고, 이 정보에 담긴 행간을 통해 고객에 대한 통찰력을 얻는 것을 목표로 합니다. 이를 통해 군집으로서 고객이 아닌, 개인으로서의 고객 한 명 한 명과 소통하고 이들이 원하는 상품과 서비스를 적절한 상황, 시간, 장소에 제공함으로써 고객가치를 창출합니다. 이런 활동을 통해 고객과의 관계를 오랫동안 지속하고 고객생애가치를 극대화시키려는 것입니다.

■ 혜택은 자세하게, 손실은 통합적으로

고객생애가치 극대화를 위해 상품전략 관점에서는 크로스셀링^Cross selling^과 업셀링^Up selling^, 번들링^Bundling^이 있습니다. 크로스셀링은 햄버거를 판매하면서 음료나 후렌치후라이를 추가적으로 판매하는 것을, 번들링은 햄버거, 음료, 후렌치후라이를 처음부터 묶여있는 세트의 형태로 판매하는 것을 뜻합니다. 또한 세트 메뉴에서 일정 금액을 추가하면 음료와 후렌치후라이 등의 사이즈 업그레이드를 해주는 것, 이를 통해 매출 1인당 객단가를 상승시키는 것을 업셀링이라고 합니다. 이러한 방법들로 객단가를 높이거나 또는 고가의 상품을 구매할 때, 부가적인 액세서리 등을 따로 권하며 추가적인 매출을 올리는 것이 일반적인 방법입니다.

위의 방법들이 효과적인 이유는 지출의 고통 관점에서 이해할 수 있습니다. 인간은 지출을 할 때, 실제 신체적인 고통을 느낄 때 자극을 받는 뇌의 부위와 동일한 자극을 받는다고 합니다. 그래서 되도록 무언가를 판매할 때, 따로따로 여러 번 지출하게 만드는 것보다 한 번에 구매하게 만드는 것이 효과적입니다. 이와 마찬가지로 지출의 정도가 클 때, 크로스셀링은 더 큰 효과가 있습니다. 고객의 입장에서 10만 원 상당의 상품·서비스를 구매하면서 5만 원 정도의 부가적인 상품을 구매하는 것은 심리적 저항감이 있지만, 백만 원, 혹은 천만 원 상당의 상품을 구입하면서 5만 원을 추가적으로 지출할 때는 상대적으로 지출로 인해 느끼는 고통의 정도가 덜하기 때문입니다.

그렇기 때문에 지출을 통한 고통을 상대적으로 둔감하게 하기 위해서는 고객이 지출해야 하는 내역을 개별적으로 인식시키고 비용을 청구하기보다는 한 번에 묶어서 제안하는 것이 효과적입니다. 놀이공원의 자유이용권과 카페 등에서 쉽게 볼 수 있는 세트 메뉴가 대표적인 예입니다. 이와 반대로 고객에게 혜택을 제공할 때는 자세하게 풀어서 전달하는 것이 효과가 큽니다. 예를 들어 10%의 할인을 제공한다면 이를 단순하게 10% 할인으로 진행하기보다, 기본할인 2% + 회원할인 3% + 쿠폰할인 5%와 같이 고객이 혜택을 받을 수 있는 다양한 할인을 자세하게 안내하여 총 10%의 할인을 제안하면 고객은 더 큰 혜택을 받고 있다는 느낌을 받게 됩니다.

본질적으로 고객생애가치를 극대화하는 방법은 고객이 만족할 만한 '가치 있는' 상품과 서비스를 제공하는 것입니다. 고객생애가치를 높이는 다양한 방법들을 소개했지만, 이런 방법들은 우리가 제공하는 상품과 서비스가 가치 있을 때 활용 가능한 단순한 테크닉에 불과하다는 사실을 잊어서는 안 됩니다. 집중해야 할 것은 오직 고객 문제를 해결하는 가치 있는 상품과 서비스입니다. 부차적인 테크닉에 관심을 쏟느라 정말 소중한, 고객과의 첫사랑을 잊지 말길 바랍니다.

■ 관여도와 고객의 구매의사결정 시간

무언가 구매하려고 할 때 어떻게 하고 계신가요? 구매하고 싶은 마음이 들면 별다른 고민 없이 바로 구매를 하고 계신가요, 아니면 몇 시간 또는 며칠의 심사숙고 끝에 어렵게 결정을 내리고 계신가요? 각자 성향에 따라 다르겠지만 습관적으로 구매하는 상품 또는 가격대가 낮고 구매자가 특별한 관심을 가지고 있지 않은 상품의 경우에는 구매결정을 내리는 데 별다른 어려움이 없을 것입니다. 하지만 집이나 자동차, 노트북과 같이 고가의 상품이나 한번 구매하면 오랜 기간 동안 사용해야 하는 것들에 대해서는 결정을 내리기 쉽지 않습니다. 이때는 사용경험이 있는 주변의 지인들에게 의견을 물어보기도 하고 인터넷의 후기를 찾아보기도 하면서 구매하려는 상품에 대한 정보를 자세하게 알아보곤 합니다. 어떤 상품은 별다른 고민없이 구매하는 반면, 어떤 상품은 긴 시간동안 이리저리 알아보고 신중하게 구매를 결정합니다. 이것을 마케팅에서는 관여도에 따른 차이라고 합니다.

관여도는 구매자가 어떤 상품에 대해 갖는 관심과 중요성의 정도입니다. 잠재적인 구매자가 상품에 대한 정보와 후기를 조사하고 평가하는 데 투자하는 시간과 노력의 양이 많으면 관여도가 높은 상품, 상대적으로 그렇지 않은 상품들을 저관여도 상품이라고 합니다.

일반적으로 카메라, 세탁기, 자동차, 노트북, 명품시계, 화장품 등을 고관여도 상품이라고 하며 칫솔, 치약, 음료수, 껌, 노트와 필기구와 같은 것들을 저관여도 상품이라고 합니다. 지금 예로 든 고관여도 상품과 저관여도 상품이 실제 여러분들에게 똑같이 적용되고 있나요? 혹시 예를 들어 설명한 고관여도 저관여도 상품 중에 '나는 화장품 살 때 별로 고민하지 않는데……', '나는 노트 하나를 살 때도 인터넷 후기를 꼼꼼하게 확인하고 구매하는데……' 라고 하면서 쉽게 동의하기 어려운 부분들도 있지 않았나요?

맞습니다. 사실 고관여도, 저관여도라는 개념으로 나누고는 있지만 각자 개인의 취향과 상황에 따라 관여의 정도는 다를 수 있습니다. 저는, 고관여도 상품인 노트북이나 자동차를 구매할 때 큰 고민을 하지 않습니다. 많은 시간을 들여 정보를 수집하고 주변 지인들에게 의견을 물어보면서 탐색하고 평가하는 과정이 대부분 생략되는 것입니다. 하지만 반대로 노트와 필기구를 구매할 때는 오히려 몇 배의 시간과 노력을 들여 검색도 하고 직접 매장에 가서 종이의 질, 필기구의 그립감을 확인하고 구매를 합니다. 여성분들은 보통 특정 브랜드의 가방, 그리고 화장품에 대한 선호가 정해져 있는 경우가 많습니다. 이런 상품들이 상대적으로 고관여도에 속하는 상품임에도 불구하고 저관여도 상품과 같은 패턴으로 구매하게 되는 이유인 것입니다.

고관여도, 저관여도 상품 사이에 이런 변수가 발생하는 이유는 브랜드의 관점에서 이해할 수 있습니다. 바로 강력한 브랜드입니다. 저의 경우, 노트북과 자동차에 관해 선호하는 브랜드가 명확하기 때문에 해당 브랜드를 경험하고 애호하기 시작한 이후부터는 다른 브랜드의 노트북과 자동차는 구매에 대한 고려조차 하지 않습니다. 노트와 필기구의 경우 일반적으로는 저관여도 상품이라고 할 수 있지만, 많은 관심을 가지고 있는 취미생활이기에 개인적으로는 고관여도 상품이라고 할 수 있습니다. 하지만 노트와 필기구는 노트북이나 자동차처럼 마음을 사로잡는 브랜드를 만나지 못했기 때문에 구매할 때마다 이리저리 비교하고 알아보는 것입니다.

기본적으로 소비자들이 생각하는 관심과 중요성의 정도가 높은 상품과 그렇지 않은 상품이 있습니다. 그리고 고가의 상품일수록 관여도도 함께 높아질 가능성이 큽니다. 고관여도, 저관여도의 상품은 기본적으로 일정한 기준에 의해 나누어지지만, 개별고객의 경험과 감각에 따라 고관여도 상품을 마치 저관여도 상품처럼 구매하게 되는 경우가 생기게 됩니다. 이것이 바로 강력한 브랜드의 힘입니다. 특히 시간이 갈수록 상품의 기능적 차별화가 무의미할 정도로 상향평준화되고 있기 때문에 브랜드의 힘은 더 중요해지고 있습니다. 일부에서는 브랜드의 영향력은 갈수록 약화되고 가성비가 지배하는 시대가 다가온다는 주장을 하기도 합니다. 하지만 가성비는 결국 가격대비 '가치'를 이야기하는 것입니다. 가성비라는 항목에는 이미 브랜드가 고객에게 주는 혜택이 포함되어 있기 때문에 브랜드의 영향력과 가성비는 떼어놓고 논의할 수 있는 항목이 아닌 것이죠.

■ 보이지 않는 인식의 전쟁터, 휴리스틱

브랜드는 고객이 얻을 수 있는 가치와 품질을 보증하고 약속하는 역할을 합니다. 그리고 브랜드가 고객을 향해 약속하고 있는 경험과 내용, 그리고 톤과 매너에 따라 브랜드는 다른 브랜드와 차별화됩니다. 차별화된 브랜드는 고객의 편익을 높여주고 비용을 낮춰줌으로써 상품과 서비스의 가치를 극대화시킵니다. 특히 고관여도 상품의 경우, 차별화된 브랜드가 제안하는 가치에 대한 약속과 보증은 강력한 힘을 발휘합니다. 고객의 입장에서는 상품에 대한 정보를 탐색하고 평가하는 시간을 줄일 수 있기 때문입니다. 우리가 믿을 만한 대기업의 브랜드를 선호하는 이유도 이들이 기본적으로 고객이 기대하는 품질과 A/S를 보장하고 있기 때문입니다.

고관여도 상품에 대해 고객들이 지각하는 브랜드의 보증과 신뢰성이 약할 경우, 고객들은 해당 상품을 구매하기 위해 정보를 수집하고 대안 등을 알아보는데 상대적으로 더 많은 시간적 비용을 지출해야 합니다. 결국 고객의 비용은 증가하고 전체적인 상품의 가치는 하락하게 되겠죠? 결국 차별화된 브랜드를 통해 고객의 시간적 비용을 줄여주고 고관여도 상품의 구매의사결정 과정을 생략 또는 단축시킴으로써 고객가치를 극대화하는 것이 마케팅의 핵심적인 역할입니다.

일반적으로 저관여도 상품의 경우 그 자체로 이미 구매의사결정 과정이 생략되어 있기 때문에 고객들은 시간을 들여 검색하고 대안을 탐색하기보다는 습관적인 구매를 하게 됩니다. 껌이나 칫솔, 치약 등을 구매하는데 복잡하게 알아보고 고민 끝에 구매하는 경우는 일반적이지 않습니다. 이미 고객이 저관여도 패턴의 구매의사결정을 하고 있는 경우는 어떻게 해야 할까요?

고객의 습관적인 구매는 휴리스틱[Heuristic]에 기인합니다. 휴리스틱은 과거의 경험 또는 현재 가지고 있는 정보를 바탕으로 어림짐작하여 행동하고 의사결정을 하는 것입니다. 인간은 의사결정을 하는 모든 상황에서 논리적이고 합리적인 판단을 하지 않습니다. 이는 인간의 인지자원이 작동하는 시스템 때문입니다.

신경 마케팅 분야의 석학인 한스 게오르크 호이젤에 의하면 인간의 몸무게에서 두뇌가 차지하는 무게는 2%밖에 안 되지만, 무려 20%의 에너지를 소비한다고 합니다. 따라서 두뇌는 되도록 인지적인 자원을 최대한 적게 사용함으로써 두뇌 사용으로 인한 에너지 사용량을 5%까지 줄이는 자동절약 시스템을 가동합니다. 길을 걷고, 이야기를 하고, 물을 마시고, 전화를 하는 모든 상황에서 휴리스틱에 의존하지 않고 계속 생각해야 한다면, 아마 너무 많은 생각들로 인해 정상적인 생활이 불가능할 것입니다. 이렇게 자신에게 주어진 한정된 정보만으로 익숙하고 편안한 의사결정을 내리게 되는 현상을 가용성 휴리스틱Availability heuristics 이라고 합니다. 그리고 이러한 인간의 인지시스템의 특징을 인지적 구두쇠Cognitive miser라고 표현하기도 합니다. 특정한 정보를 얻기 위해 투입되는 시간적·신체적·심리적 비용이 얻고자 하는 정보로 인해 얻을 것으로 예상되는 편익보다 클 경우, 정보를 습득하여 보다 합리적인 판단을 하려고 하기보다 차라리 무지의 상태를 유지하고자 하는 것이죠. 경제학에서는 이러한 현상을 합리적 무지Rational ignorance 라는 이론을 통해 설명하고 있습니다.

지금까지 고객들이 습관적으로, 별다른 고민 없이 선택하게 되는 저관여도 상품에 대한 이해를 돕기 위해 잠깐 설명이었습니다. 앞으로 마케팅을 계속 접하다보면 경제학 중에서도 특히 행동경제학, 심리학과 자주 만나게 될 것입니다. 만약 지금 설명했던 용어나 개념이 익숙하지 않다면 앞으로 경제학과 심리학, 그리고 조금 더 욕심을 내서 문학과 철학에 대한 관심을 가지고 꾸준히 공부하면 마케팅의 본질에 접근하는 데에 큰 도움이 될 것입니다.

저관여도 상품의 경우, 이미 해당 시장에서 고객들이 습관적으로 구매하고 있는 상품이 존재한다면 어떻게 대응해야 할까요? 해답은 바로 가용성 휴리스틱에 있습니다. 이미 시장을 선점하고 있는 경쟁사 고객들의 휴리스틱에 균열을 일으키는 것입니다. 최초 상기 브랜드를 습관적으로 구매하는 기존 고객들이 사용하고 있는 상품에 대한 문제를 지적하고, 이를 해결할 수 있는 새로운 정보를 제공하여 사용자들의 주의를 환기시켜야 합니다. 즉, 정보 습득으로 얻는 혜택이 고객이 지출해야 하는 인지적 자원보다 크다는 시그널을 보내는 것입니다.

'기존의 칫솔을 별 문제 없이 잘 사용하고 있는 소비자들에게 칫솔 교체시기가 구강 건강에 영향을 미친다는 문제와 정보를 제공합니다. 그리고 우리는 칫솔의 교체시기를 눈으로 확인할 수 있도록 솔루션을 제공하고 있다는 메시지를 전달합니다.'

'기존의 껌은 충치를 유발할 수 있다는 문제와 정보를 제공합니다. 그리고 우리는 반대로 충치를 예방하고 심지어 자기 전에 씹는 껌이라는 메시지를 전달합니다.'

'기존의 사인펜은 뚜껑을 열어두면 잉크가 말라 사용할 수 없다는 문제와 정보를 제공합니다. 그리고 우리는 노크식 사인펜으로 잉크가 마를 일이 없다는 메시지를 전달합니다.'

'기존의 노트는 철학과 스토리 그리고 혁신이 없다는 문제와 정보를 제공합니다. 그리고 우리는 피카소, 고흐, 헤밍웨이가 사용했던 노트를 재현하여 노트에 전통과 영혼을 불어넣었다는 메시지를 전달합니다.'

이 밖에도 커피에 들어가는 카제인나트륨에 관한 논란, 특정 구강청결제의 구강암 유발 논란, 정보를 가장해 문제를 지적하는 기사들과 논란의 대부분은 사실 저관여도 상품에서 소비자들의 휴리스틱에 의한 구매에 균열을 일으키기 위한 마케팅의 일환으로 기획되는 경우가 많습니다.

결론적으로 상품과 서비스는 고관여도와 저관여도가 아닌 차별화된 브랜드와 그저 그런 브랜드로 나뉘게 됩니다. 고객에게 차별화된 가치를 약속하고 보증하지 못하는 그저 그런 브랜드는 그것이 저관여도의 어떤 카테고리에 속해 있더라도 고객의 입장에서는 시간적·신체적·심리적 비용이 증가할 수밖에 없는 고관여도 상품입니다. 반면 차별화된 브랜드는 고관여도 상품도 저관여도 상품으로 변신시키는 마법을 발휘합니다. 사실 관여도에 있어 고관여도, 저관여도 상품을 나누는 기준과 체계가 중요한 것은 아닙니다. 고객들이 그것을 어떻게 인식하느냐가 중요한 문제입니다. 지금 고객은 여러분의 브랜드를 고관여도로 인식하고 있습니까? 아니면 저관여도로 인식하고 있습니까?

■ 함부로 약속하지마라. 단, 약속했다면 5분 전에 도착하라

영화에는 속편 징크스라는 것이 있습니다. 지금까지 영화 속편들의 스코어를 살펴보면 이것은 징크스가 아니라 사실에 가깝습니다. 왜 영화의 속편은 성공하기 어려운 것일까요? 제작자의 입장에서는 전작의 큰 성공에 대한 부담감이 가장 큰 이유 중 하나일 것입니다. 왜냐하면 전작을 호평했던 고객들을 또다시 만족시켜야 하기 때문입니다. 그런데 사실 속편을 아무리 잘 만들어도 고객을 만족시키기는 좀처럼 쉽지 않습니다. 그 이유는 바로 전편을 통해 높아진 고객들의 기대수준에 있습니다. 이전에 우리가 이야기한 준거의존성과 앵커링이 바로 여기에 해당합니다. 예를들어 일반적으로 영화를 관람하는 고객들이 좋다고 느끼는 정도의 지점이 1에서부터 시작한다면, 크게 성공한 영화의 후속편에 경우, 전작 영화에서 좋다고 느꼈던 3~4 정도의 지점에서부터 좋다고 평가하는 것입니다. 쉽게 이야기하면 저의 외모를 제 친구들과 비교한다면 그중에서 중간 이상은 가겠지만, 기준을 원빈이나 강동원으로 높이면 어떻게 될까요?

'기대가 크면 실망도 크다'는 말이 있습니다. 마케팅 관점에서 고객들의 기대가 크다는 것은 사실 그리 반가운 일만은 아닙니다. 고객들의 기대가 지나치게 커졌을 경우, 고객을 만족시키기 더욱 어려워지기 때문입니다. 물론 고객의 기대가 크면, 고객들은 큰 기대감을 안고 영화라는 상품을 관람하게 됩니다. 여기까지는 좋습니다. 문제는 그 다음입니다. 영화를 관람한 고객이 처음 기대했던 수준에 미치지 못하면, 만족하지 못한 고객은 부정적인 후기와 평을 남기게 된다는 것입니다.

만족한 고객은 평균적으로 다섯 명에게 자신의 경험을 이야기합니다. 하지만 불만족한 고객은 평균 열 명에게 자신의 경험을 이야기합니다. 특히 이중 12%는 무려 스무 명에게까지 부정적 경험을 퍼뜨린다고 합니다. 또한 이런 부정적인 정보의 영향력은 긍정적인 정보의 영향력보다 2.25배 더 크게 작용합니다. 게다가 부정적인 정보의 전파속도는 긍정적인 정보에 비해 무려 7~8배에 달합니다. 더 무서운 것은 만약 스무 명의 고객이 여러분이 제공하는 상품에 대해 불만족스러운 경험을 했다면, 이 중 열아홉 명은 그 불만을 굳이 여러분에게 직접 이야기하지 않는다는 것입니다. 대신 불만족스러운 경험을 SNS와 지인들에게 전파하고 결국 해당 고객이 다른 회사의 상품으로 이탈하는 결과가 초래됩니다. 만족하지 못한 고객 한 명이 미치는 영향은 우리가 평소에 막연히 생각하는 것보다 실로 엄청납니다. 요즘같이 SNS을 통해 다수의 사람들과 정보를 공유하고, 이런 정보들이 기하급수적인 속도로 유통될 수 있는 사회에서 불만족한 고객 한 명을 단순히 1이라는 숫자로 치환해서는 곤란합니다. 만족하지 못한 고객은 차라리 0에 가깝습니다. 불만족한 고객은 기존 모든 지표에 0을 곱해버릴 것이기 때문입니다.

"여러분들에게 필요한 것은 많은 고객이 아니라, 만족한 고객입니다.
그리고 만족한 고객은 그 자체로 가장 훌륭한 마케팅 플랫폼입니다."

결국 고객의 기대수준을 충족시키지 못한다면 처음에 아무리 많은 고객들을 유치한다 해도 소용이 없습니다. 오히려 아예 처음부터 우리의 상품이 만족시키지 못할 것 같은 고객을 분류하고 이들의 수요를 의도적으로 조절하는 디마케팅 Demarketing 을 하는 편이 낫습니다.

마케팅의 궁극적인 목표는 지속가능성입니다. 그리고 이를 위해 고객생애가치를 극대화해야 합니다. 고객이 만족하는 상품을 제공하지 못하면 이 모든 것이 공염불로 끝나는 것은 불 보듯 뻔한 일이 될 것입니다.

이제 고객만족에 대해 알아보도록 하겠습니다. 고객을 만족시키기 위한 조건은 무엇일까요? 고객만족이란 실제 제공하는 상품에서 고객의 기대수준을 뺀 값으로, '고객만족=성과-기대'로 표현할 수 있습니다. 가치를 이야기하면서 언급했던 '가치=편익/비용' 수식과 비슷하지 않나요? 가치는 편익을 비용으로 나눈 값이라고 이야기했습니다.

"고객만족(가치)=성과(편익)-기대(비용)"

고객만족이라는 가치 역시 성과라는 편익과 고객의 기대라는 비용의 관점에서 볼 수 있습니다. 고객의 기대수준이 크다면 제공하는 상품과 서비스의 수준이 높아도 고객만족의 값은 낮아집니다. 반대로 고객의 기대수준이 낮다면 상품과 서비스가 제공하는 혜택이 같아도 고객만족도는 높아지게 되는 것이죠. 고객이 "Wow!" 할 수 있는 독특하고 놀라운 상품과 서비스의 비밀은 기대관리의 측면에서 보자면 고객의 기대를 낮출 수 있을 만큼 낮추는 것에 있다고 볼 수 있습니다. 하지만 지나치게 낮은 기대로 상품을 구매하고 싶은 마음조차 들지 않는다면 안 되겠죠? 기대관리를 통해 고객이 너무 높은 기대를 갖지 않도록 했더니, 이제는 구매결정에 걸리는 시간이 증가합니다.

■ 구매, 마케팅의 끝이 아닌 시작

구매의사결정에 걸리는 시간적 비용을 줄여주고 고객가치를 높이는 방법을 관여도에서는 브랜드라는 큰 숲의 관점에서 봤다면 이번에는 '지각된 위험 Perceived risk'이라는 나무의 관점에서 구체적으로 살펴보도록 하겠습니다. 고객이 구매를 망설이는 이유는 다양합니다. '조만간 신상이 나오면 어떡하지?', '내가 기대한 만큼의 기능과 성능일까?', '나한테 잘 어울리는 옷일까?', '사이즈는 잘 맞을까?', 'A/S는 괜찮을까?' 등의 수많은 고민을 하고 또 질문하기 때문입니다. 이렇게 구매의사결정 과정에서 구매 후 나타날 것으로 예상되는 위험에 대한 인지를 지각된 위험이라고 합니다. 지각된 위험은 고객의 구매의사결정 시간이라는 비용을 상승시키고 상품의 전체적인 가치를 떨어뜨립니다. 고객이 인지하고 있는 지각된 위험을 제거해준다면 고객의 구매의사결정을 돕는 데 도움이 되겠죠?

지각된 위험의 제거 : 사랑해, 하지만 혼인신고는 1년 뒤에... (자료 : Unsplash)

요즘 결혼을 하는 커플들을 보면 결혼식을 올리고 신혼여행을 다녀와도 바로 혼인신고를 하지 않는 경우를 어렵지 않게 볼 수 있습니다. 조금 살아보다가 어느 정도 시간이 지나면 그때서야 혼인신고를 하는 경우입니다. 이런 경우가 바로 지각된 위험에 대한 고객의 마음과 같습니다. 사전에 인지할 수 있는 위험이 있다면 먼저 그 위험을 피할 방법을 선호하는 것입니다.

기업들은 고객들의 지각된 위험을 제거하고, 구매의사결정을 돕기 위해 많은 노력을 하고 있습니다. 가장 쉬운 예가 바로 A/S, 사후 서비스입니다. A/S는 지각된 위험과 구매 이후의 부조화를 줄여주는 역할을 합니다. 구매 후의 부조화란 고객이 상품을 구매한 이후에 느끼는 후회의 감정입니다. 구매 전에 기대했던 믿음(기대수준)과 실제로 상품을 이용하면서 느낀 경험이 서로 일치하지 않아 발생하는 인지적인 부조화입니다. 고객은 상품을 구매한 이후에도 과연 자신의 선택이 옳은 선택인지에 대한 확신을 가지고 싶어 합니다. 실제로 고객들은 구매 이전 보다 구매 이후에 후기 등의 정보를 더 많이 검색합니다. 놀라운 사실이죠? 그렇기 때문에 고객이 자사의 상품을 구매한 순간은 거래의 끝이 아니라, 거래의 시작일 뿐인 것입니다. 고객과의 거래를 '관계'라는 관점에서 장기적인 안목으로 바라봐야 하는 이유 중 하나는, 이미 거래를 마친 고객도 지속적으로 자신의 구매결정이 바람직한 선택이었는지 장기간에 걸쳐 모니터링한다는 사실에 있습니다. 고객과의 관계가 고객생애가치 측면에서는 미치는 영향은 말할 것도 없습니다.

고객이 구매하기 전 단계에는 지각된 위험, 구매 후에는 구매 후 인지부조화를 겪지 않도록 고객의 선택에 확신을 심어주는 것이 마케팅의 역할입니다. 앞서 언급한 것처럼 사후 서비스를 강화하는 것은 지각된 위험과 구매 후 부조화를 줄이기 위한 기본적인 조치입니다. 기대관리 측면에서는 고객과의 약속을 남발하는 것도 주의해야 할 점입니다. 지나치게 많은 약속과 기대를 심어주면 높아진 기대수준으로 인해 구매 후 부조화가 발생하게 되기 때문입니다. 동시에 고객과 지속적인 커뮤니케이션, 특히 고객이 구매하기 전보다 구매 이후에 일어나는 커뮤니케이션과 마케팅 활동이 더욱 중요합니다. 이 밖에 고객이 선택할 수 있는 폭이 지나치게 많다거나, 구매를 취소할 수 없고, 관여도가 높은 상품일수록 구매 후 부조화가 일어날 가능성이 높아집니다. 여기에 고객의 지각된 위험과 구매 후 부조화를 줄이기 위한 아이디어로 크게 성공한 기업이 있습니다. 미국의 와비파커Warby Parker 라는 기업입니다. 이 회사는 대부분의 안경이 오프라인 채널로 유통되며, 가격도 원가에 비해 지나치게 비싸다는 문제를 해결하기 위해 비즈니스를 시작합니다. 그런데 곧바로 큰 문제에 부딪히게 됩니다. 바로 이들이 판매하려는 품목이 안경이라는 것입니다. 안경을 착용해보지 않고 구매하는 사람들은 거의 없습니다. 고객은 안경이 자신에게 잘 어울리는 디자인과 색상인지 직접 착용해보고 구매결정을 하는 것이 일반적입니다. 자신에게 어울리는지 아닌지 확인해보지도 않은 상태에서 구매를 해야 한다면, 고객의 지각된 위험이 구매 후 부조화로 연결되어 고객과의 관계가 훼손될 게 뻔합니다.

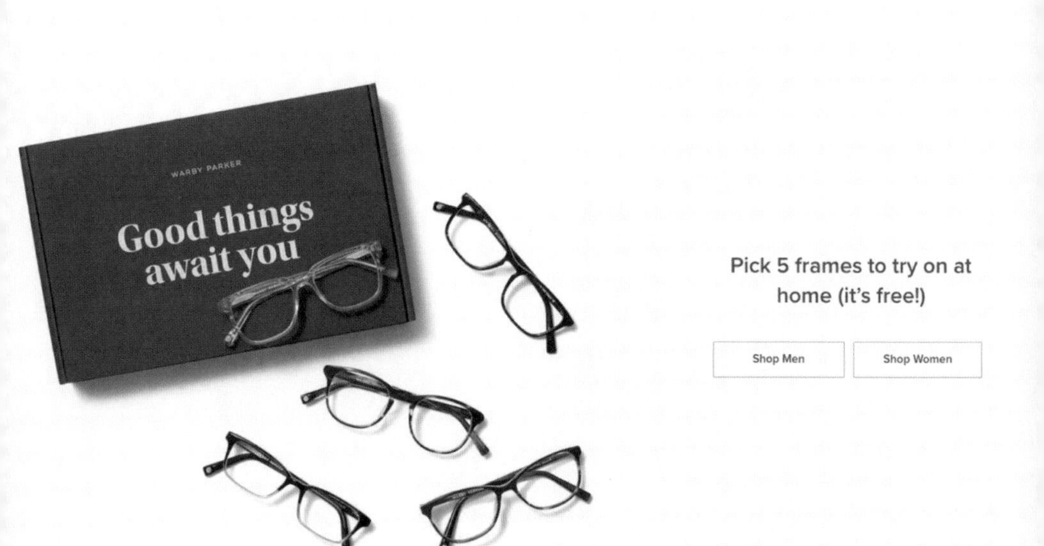

와비파커의 홈 트라이온 시스템 (자료 : Warby Parker Website)

와비파커는 이런 문제를 해결하기 위해 온라인 판매를 고수하면서도 고객들이 직접 안경을 착용해보고 구매할 수 있는 판매방식을 고안해냅니다. 온라인상에서 고객이 마음에 드는 안경 5개를 고르면 안경 샘플 5개 모두를 고객에게 보내주고 직접 착용해보게 하는 것입니다. 고객은 배송 받은 안경을 써보고 마음에 드는 안경을 선택한 후, 다시 와비파커에 돌려보내면 최종적으로 고객이 선택한 안경에 렌즈를 장착하여 발송해주는 방식입니다.

여기에 더해 와비파커는 샘플을 받아본 고객들이 SNS상에 착용사진을 올리도록 유도합니다. SNS에 5개의 샘플을 착용한 사진과 함께 와비파커를 태그해서 올리면 어울리는 안경을 추천해주는 이벤트를 통해 자연스레 SNS에서 바이럴될 수 있도록 마케팅하고 있습니다. 와비파커는 안경의 온라인 유통방식으로 인한 문제를 기회로 전환하여 성공하게 된 혁신 사례로 유명합니다. 우리나라에서도 와비파커의 비즈니스 모델을 벤치마킹하여 유명해진 브랜드가 있습니다. 와비파커의 사례는 다양한 관점에서 해석할 수 있겠지만, 지금 여기서는 고객의 지각된 위험과 구매 후 부조화를 줄이는 사례로 다뤄봤습니다.

이 밖에도 마트나 소셜커머스 등에서 진행하는 최저가 보상제, 홈쇼핑의 무료 반품 제도, 예전에 모 피자 브랜드에서 진행했다가 여론의 뭇매를 맞고 지금은 사라진 30분 배달 보증제도 등이 구매 후 부조화를 줄이기 위한 전형적인 마케팅이라고 할 수 있습니다. 미국 아마존은 상품을 예약 구매할 경우, 상품을 받는 기간 내에 최저가가 변하면 고객에게 차액만큼 환불해주는 정책으로 고객들의 구매 후 부조화 문제에 대응하고 있습니다.

인 문 학 적 마 케 팅 사 고 방 식

MARKETING THINK

당신의 고객은 어떤 사람들입니까?

각자가 부여한 성공의 의미가 어떻든 우리는 성공하기 위해 노력합니다. 각자의 방식으로 성공을 향해 달려가는 것이죠. 가는 길과 방향, 모두 다를 것입니다. 그러나 모두에게 공통적으로 적용되는 것이 하나 있습니다. 성공의 길에는 반드시 사람이 있다는 것입니다. 물론 그 반대인 실패의 길에도 사람이 있습니다.

나를 성공의 길로 이끌어줄 사람은 반드시 나보다 나은 사람이어야 합니다. 나를 필요로 하는 사람도 중요하지만, 더 중요한 것은 내가 필요로 하는 사람입니다. 그 사람은 특정한 어떤 면에서 나보다 특출한 사람, 능력 있는 사람, 뭔가에 대해 더 많은 지식을 가지고 있는 사람입니다.

성공하고 싶다면 나보다 더 나은, 내가 필요로 하는 사람들과 함께해야 합니다. 나를 필요로 하는 사람은 어차피 나와 함께할 것입니다. 문제는 나보다 더 나은 사람들과의 관계 속에 둘러싸여 스스로 배우고 성장할 수 있는 환경적 토대를 만드는 것입니다. 이것은 단순히 성공한 삶뿐만이 아니라 성숙한 삶을 이루기 위한 중요한 조건입니다. 하지만 나를 성공으로 이끌어 줄 사람, 그 사람들은 하나 같이 동일한 문제점을 가지고 있습니다. 바로 나보다 나은 사람들이라는 점입니다. 불행인지 다행인지, 나보다 나은 사람들에게 잔머리나 꼼수 같은 것은 잘 먹히지 않습니다. 마치 내가 하고 있는 말, 행동 같은 것들을 훤히 다 들여다보고 있는 듯합니다.

나보다 어떤 면에서든 한 수 위인 그들은 나를 꿰뚫어 봅니다. 지금 내가 하는 말이 과장인지, 거짓말인지, 아니면 진정성 없이 그냥 내뱉는 말인지를 본능적으로 알아챕니다. 성공하려면 이들과 장기적인 관계를 맺어야 하는데, 절대 오랫동안 이들을 속일 수 없습니다. 이들과 관계를 맺을 수 있는 방법은 솔직함과 진정성으로 승부하는 것뿐입니다. 이들은 단기적인 이익을 보고 움직이지 않기 때문에, 솔직함과 진정성을 가진 사람이라면 장기적인 관계를 맺고 이끌어주려고 합니다.

반대로 내가 장기적으로 속일 수 있는 사람은 내가 필요한 사람이 아니라, 나를 필요로 하는 사람입니다. 내가 마음대로 컨트롤 할 수 있는, 나보다는 한참 아래에 있는, 한 수 아래의 사람입니다. 나를 필요로 하는 사람들은 단기적으로 나에게 이익을 안겨다줄 가능성이 높습니다. 내가 계획한 의도대로 어찌나 잘 속아 넘어가는지, 마치 모든 것을 내가 조종할 수 있을 것 같습니다. 하지만 이들은 결론적으로는 나의 성장과 성숙을 돕기 보다는 오히려 방해합니다. 이들과 함께 있으면 더 이상 무언가 추구해야 할 갈증이 전혀 느껴지지 않습니다. 그야말로 우물 안의 개구리가 되는 것이죠.

고객도 마찬가지입니다. 우리 회사를 성공으로 이끌어 줄 고객은 반드시 우리보다 더 나은 사람들입니다. 그 고객이라는 사람들에게 꼼수나 잔머리 같은 유치한 술수는 통하지 않습니다. 오직 솔직함과 진정성만이 그들과 장기적인 관계를 맺을 수 있는 방법입니다. 혹시 내 마음대로 조종할 수 있는 한 수 아래의 고객(호갱)들이 있어서 일이 쉬워지고 있나요? 안타깝지만 지금 그 고객은 결국 당신의 회사를 실패의 나락으로 떨어뜨릴 사람들입니다.

지금 고객을 바꾸세요. 나보다 더 나은 사람들 주변에는 역시 나보다 더 나은 사람들이 함께합니다. 그리고 그 사람들은 사회에 영향력이 있는 오피니언 리더일 가능성이 높은 사람들입니다. 어떤 사람의 손을 잡으시겠습니까? 그리고 지금 당신의 고객은 어떤 사람들입니까?

03

차별화 전략 수립

유행보다 기본

정말 좋은 비즈니스와 마케팅 전략은 포장을 벗겨내는 것입니다.
본질적인 것을 단순한 날것의 상태 그대로 보여주는 것이죠.
이제는 속이지 않는 것만으로도 엄청난 장점이 되는 시대입니다.

전략을 바라보는 관점

■ Lean Start-up 전략 : 계획은 대충해라

새로운 사업을 시작할 때 가장 먼저 할 일은 무엇일까요? 아마도 마케팅을 포함한 전체적인 사업전략과 계획을 수립하는 것일 겁니다. 사업계획서를 만들기 위해 자사와 경쟁사를 세심하게 분석하여 전략을 수립하고, 시장조사를 통해 이를 토대로 목표시장을 설정합니다. 최대한 많은 정보를 수집하여 자료를 탄탄하게 만들고 철저하게 준비하는 것, 이것이 우리가 미덕이라고 생각하고 있는 사회적 통념이자 덕목입니다. 하지만 현실을 생각해보면 어떨까요? 지금 여러분들이 계획하는 사업계획과 전략들이 그대로 실행되고 있나요?

아마 처음 프로젝트를 시작할 때 많은 시간을 들여 의욕적으로 수립했던 대부분의 계획들은 생각대로 진행되지 않아 무용지물이 된 경우가 많았을 것입니다. 그런데도 계획에 많은 에너지를 소비하는 것은 그냥 지금까지 그렇게 해왔기 때문에, 또는 왜 그렇게 계획을 세워야 하는지 정확한 이유는 모르지만 그 일을 해냈다는 것에 대한 뿌듯함 때문일 수도 있습니다. 계획을 수립하면서 '왜' 이 일을 해야 하는지에 대한 질문을 던지기보다, 어떻게 계획을 수립하고 만들 것인지에 대한 형식에 집중하는 것입니다.

계획을 수립하는 이유는 바로 실행하기 위해서입니다. 실행을 통해 원하는 결과를 얻고자 계획하는 것이죠. 그런데 계획에 집중하다보면 계획을 위한 계획이 반복되는 경우가 있습니다. 왜냐하면 계획은 가설을 바탕으로 예측을 해야 하는 일이기 때문입니다. 하지만 당장 다음 달의 시장상황을 예측할 수 있습니까? 자사와 경쟁사의 강점, 약점, 시장의 기회와 위협과 같은 항목을 분석하고 이에 맞는 전략들을 수립하는 일이 정말 우리가 생각하는 것만큼 효과적이고 효율적일까요? 심지어 그 일을 실제로 해보지도 않은 채 말입니다.

Plan-Do-See, 즉 계획하고 실행하고 통제하는 경영순환의 과정에서 철저한 계획과 준비는 사전에 예상되는 리스크^Risk^를 제거하여 예측 가능한 경영을 하기 위해 필요한 것입니다. 이것이 바로 관리경영입니다. 여기에는 태생적인 한계점이 존재합니다. 첫째는 애초부터 예측이란 불가능하다는 것이며, 둘째는 예상되는 리스크는 이미 리스크가 아니라는 것입니다. 즉, 리스크란 우리가 예측할 수 없을 때 리스크인 것이지 이것을 예측할 수 있다면 이미 리스크가 아닌 셈입니다. 그러므로 아무리 철저하게 계획을 해도 진정한 의미의 리스크는 예측할 수 없으며 보이지 않습니다. 본질적으로 계획을 통해 예측하고 통제할 수 있는 리스크는 없습니다.

물론 계획이 필요 없다는 것은 아닙니다. 다만, 수많은 조직과 사람들은 계획중독이라는 집착과 환상 때문에 기본을 잃어가고 있습니다. 이것은 마치 수학성적을 올리려는 목표를 위해 교과서 맨 첫 단원의 집합만 열심히 공부하는 것과 같습니다. 그러다 지쳐서 놓아버리게 되면, 나중에 또다시 처음부터 집합을 공부하는 악순환에 빠지게 됩니다. 결국 성적은 오르지 않습니다. 성적을 올리기 위해서는 처음부터 마지막 단원까지 한번 가봐야 한다는 것입니다. 그래야 자신의 강점과 취약점을 파악할 수 있고 그때서야 비로소 제대로 된 계획을 수립할 수 있는 것이죠. 계획은 성적을 예측하기 위한 것이 아니라, 성적을 만들기 위해 존재할 때 의미가 있습니다.

또한 계획에 많은 자원을 투자하는 것은 얻는 것보다 잃는 것이 더 많습니다. 그중 가장 주목해야 할 것은 의사결정의 경직성입니다. 많은 시간과 노력을 들여 수립한 계획, 이 계획에는 사실상 많은 비용이 투입된 것입니다. '인간은 혜택보다 손실에 2배~2.5배 더 민감하다'는 손실회피성을 기억하시죠? 많은 경제적·시간적·신체적 비용이 투입된 계획은 의사결정의 유연성을 떨어뜨립니다. 실제 일을 진행하다 보면 때로는 예상치 못한 방향으로 전략을 수정하거나 기존의 의사결정을 재검토해야 하는 상황이 발생합니다. 기존의 계획이 쓸모없어진다면 계획에 들어간 비용은 모두 손실이라는 심리적 회계에 속하게 됩니다. 이럴 경우 손실을 인정하기보다는 되도록 기존의 계획을 끝까지 유지하고자 하는 의사결정의 경직성이 생기게 되는 것입니다. 이를 매몰비용 오류Sunk cost fallacy라고 합니다. 기존에 투입된 비용이 아까워서라도 이전에 결정한 계획들을 고수하고, 심지어 실제 상황이 변해도 기존 의사결정을 정당화하기 위해 주어진 사실과 정보를 무의식적으로 왜곡하는 것을 말합니다. 계획이 수단이 아니라, 목적으로 도치되는 것입니다.

마시멜로 챌린지 (자료 : google 검색 및 편집)

마시멜로 챌린지라는 게임이 있습니다. 게임 방법은 간단합니다. 네 명이 한 조가 되어 18분 동안 주어진 재료를 이용하여 마시멜로를 가장 높이 쌓는 팀이 승리하는 것입니다. 이 게임으로 실험을 해봤습니다. 변호사, 유치원생, MBA 학생, CEO, 건축가와 공학도, CEO와 비서, 이렇게 여섯 팀으로 나누어 게임을 진행했는데 재미있는 결과가 나왔습니다. 건축가와 공학도, CEO와 비서, 유치원생, CEO, 변호사, MBA 학생의 순으로 각각 1위부터 6위를 차지했습니다. 혹시 유치원생들이 꼴찌를 했을 것이라고 예상하고 계셨나요? 하지만 예상외로 꼴찌는 MBA 학생들이었습니다. 심지어 유치원생들은 변호사 팀보다 더 높은 탑을 쌓았습니다.

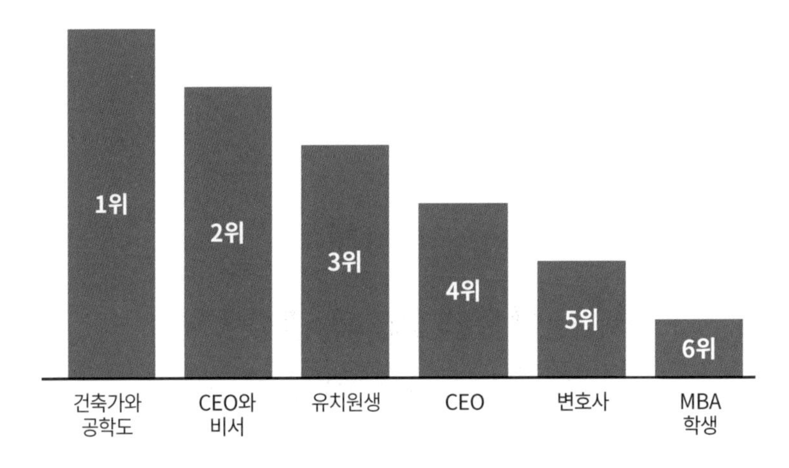

18분 동안 마시멜로를 가장 높이 쌓은 팀은?

어떻게 이런 결과가 나온 걸까요? 먼저 MBA 학생들의 경우를 볼까요? 이들은 계속해서 어떻게 하면 마시멜로를 높게 쌓을 수 있는지 가설을 세우고, 그 가설에 대해 토론을 하며 계획을 세우는 데 시간을 허비했습니다. 정작 실제로 마시멜로를 높게 쌓는 실행은 몇 번 해보지도 못하고 시행착오라는 리스크를 줄이기 위한 계획에 집중한 것이죠. 아마 이들에게 꼴찌를 한 이유를 물어보면 다음과 같이 대답할 것입니다. '시간이 부족했어요.'

네, 맞습니다. 원래 시간은 어떤 경우에도 항상 부족한 자원입니다. 저는 그 어디에서도 '주어진 시간이 넉넉해서 성공적으로 일을 마칠 수 있었어요.'라는 말을 들어본 적이 없습니다. 유치원생들의 경우는 어땠을까요? 이들에게 계획과 토론이라는 단어는 낯선 개념입니다. 유치원생들은 고민할 것도 없이 먼저 실행하고 봅니다. 마시멜로를 이리저리 쌓아가며 시행착오를 통해 학습하고 방법을 찾아가는 것입니다. 이 유치원생들이 마시멜로 탑을 쌓는 방법, 이것이 바로 린 스타트업의 개념을 잘 설명해 주고 있습니다.

■ 정교한 계획보다 유연한 대응

린 스타트업Lean start-up이란 실리콘밸리의 벤처기업가 에릭 리스Eric Ries가 주장한 전략입니다. 린 스타트업은 아이디어를 MVPMinimum Viable Product라고 하는 최소기능 제품으로 빠르게 만들어내어 고객과 시장의 피드백을 듣고, 이를 통해 학습함으로써 지속적으로 빠르게 상품과 전략들을 완성해나가는 것입니다. 그렇기 때문에 린 스타트업 전략에서는 장황한 계획을 세우기보다는 실행을 하는 것이 중요합니다. 계획을 통해 모든 과정을 통제하고 관리하려는 것이 아니라, 실행의 과정에서 발생하는 시행착오를 통해 학습하고 개선하는 것입니다.

린 스타트업의 개념은 경쟁을 정의하는 산업의 경계가 불분명해지는 무경계성과 불확실성을 필두로 하는 요즘과 같은 초경쟁 시대Hypercompetition에 많은 시사점을 던져주고 있습니다. 기업의 경쟁우위가 지속되는 시간은 갈수록 짧아지고 있고, 초경쟁 시대에서 지속가능한 경쟁우위는 점점 의미를 잃어가고 있습니다. 일시적인 경쟁우위 역량을 계속해서 개발하고 이것을 계속 이어나가는 것이 바로 현대적인 의미의 지속가능한 경쟁우위입니다. 그만큼 변화와 경쟁의 속도가 빠르다는 것입니다. 기존의 경쟁 환경과는 차원이 달라졌기 때문에 전통적인 관점에서 경영과 마케팅을 바라보는 관점도 이에 맞게 수정되어야 합니다.

미국 툴레인대 로버트 위긴스 교수와 텍사스대 티모시 루프리 교수는 경영학에서 전통적인 경쟁에 관한 틀을 제공하고 있는 마이클 포터의 5 forces model에 대한 의구심에서 '지속적인 경쟁우위라는 것이 과연 존재하는가?'에 대한 연구를 시작했습니다. 이들은 미국의 40개 산업군의 6,772개 기업을 대상으로 10년 이상 경쟁사 대비 높은 실적을 거둔 경우에 '지속적인 경쟁우위'를 가지고 있는 것으로 간주하고 이 조건을 충족하는 기업이 얼마나 존재하는지를 분식했습니다. 결과는 다음과 같았습니다.

1. 지속적인 경쟁우위를 실현하고 있는 기업은 전체의 2~5%에 지나지 않는다.
2. 시간이 흐를수록 기업이 경쟁우위를 유지하는 기간이 짧아지고 있다.
3. 경쟁우위를 잃고 난 뒤, 다시 경쟁우위 역량을 되찾는 기업의 수가 증가하고 있다.

즉, 일시적인 경쟁우위를 계속해서 연결시킴으로써 이것이 지속적인 경쟁우위처럼 보이게 되는 것입니다. 지속적인 경쟁우위라는 개념은 점차 희미해지고 있습니다. 오히려 기존의 핵심역량과 경쟁우위역량에 대한 집착은 핵심경직성으로 작용하여 위기를 초래할 수도 있습니다. 노키아, 코닥, 아이리버, 소니 등 절대 무너질 것 같지 않았던 공룡들은 기존의 핵심역량에 스스로 발목 잡혀 뼈아픈 경험을 겪어야 했던 회사들입니다. 이제는 많은 회사들이 변하고 있습니다. 조직을 소규모의 작은 조직으로 개편하고 빠른 실행과 시행착오를 통해 학습하고 개선할 것을 장려합니다. 심지어 시행착오를 겪거나 무언가 도전하여 실패를 경험하는 팀에게 보상이 주어지는 경우도 있습니다. 관리경영이 그동안 신중함과 통제가능성의 관점에서 완벽을 강요해왔다면, 이제는 민첩함을 무기로 정교한 계획보다 실행을 해나가면서 계획을 수정해나가는 유연한 의사결정, 때로는 자사의 핵심역량마저 포기하는 자기파괴적 혁신을 통해서라도 변화하고 생존하는 적응력이 중요합니다.

그런데 우리가 흔히 볼 수 있는 역설적인 현상이 있습니다. 바로 큰 기업은 작은 조직처럼 생각하고 움직이기 위해 노력하지만, 반대로 작은 기업은 마치 큰 기업과 같이 행동하려고 노력한다는 점입니다. 빠른 실행, 유연한 의사결정이 중요해진 이 시대에 작은 조직은 뚜렷한 '강점'입니다. 강점을 놔두고 약점을 따라가려고 하면 안 되겠죠?

실행을 통한 시행착오, 그리고 시행착오를 통한 학습으로 가치에 대한 답을 찾아가는 린 스타트업 전략의 가장 중요한 시사점, '시행착오'.

이제 수없이 많은 시행착오를 통해 답을 찾아가는 사람들을 만나볼까요?

■ 박진영과 피카소, 시행착오의 힘

우리나라 음원 저작권에 관한 기사가 나올 때마다 언급되는 사람이 있습니다. 바로 매해 저작권료 순위의 상위를 차지하고 있는 가수 박진영입니다. 1993년 '날 떠나지마'라는 곡으로 데뷔한 이후 20년이 넘는 기간 동안 정상의 자리를 유지하고 있습니다. 2012년을 기준으로 미국 S&P 500의 대기업 평균 수명이 15년이라는 조사결과가 있습니다. 이마저도 시간이 갈수록 계속해서 짧아지고 있는 것을 감안하면, 20년 동안 정상의 자리를 유지한다는 것이 얼마나 대단한 일인지 새삼 놀랍게 다가옵니다.

"박진영에게는 어떤 특별한 비밀이 있는 걸까요?"

TV에서 비춰지는 박진영의 모습에서 재능과 끼, 그리고 음악에 대한 열정을 느낄 수 있습니다. 누가 봐도 연예인으로서의 자질을 갖추고 있는 사람이라는 생각이 듭니다. 하지만 이러한 재능과 자질을 갖추고 있는 모든 가수가 20년 넘게 정상의 자리를 유지할 수 있는 것은 아닙니다. 실제로 20년 전에 활동했던 가수들 중에서는 기억 속에 추억되고 있는 가수들이 절대다수를 차지하고 있을 뿐입니다. 가수 박진영의 롱런에는 어떤 이유가 있을까요? 음악적 재능이 워낙 뛰어나서? 노래를 잘해서? 그것도 아니면 그냥 운이 좋아서?

물론 기본적으로 음악적 재능과 실력, 운이 뒷받침되지 않았다면 오랫동안 정상의 위치를 고수할 수 없었을 것입니다. 하지만 비슷한 재능과 실력, 운을 가지고도 지속적인 경쟁우위를 실현하지 못한 수많은 사람들이 분명히 존재합니다. 세월이라는 이유로 잊힌 과거형의 그들과 현재진행형의 박진영은 어떤 차이가 있는 걸까요?

그 비밀에 대한 답은 시행착오에서 찾을 수 있습니다. '음원을 냈다 하면 히트를 치는 박진영에게 시행착오라니?' 이런 의문을 가질 수도 있습니다. 하지만 이는 일종의 인지적 편향입니다. 그가 발표하는 곡들 중 우리가 흔히 듣게 되는 곡들은 이미 인기의 정점을 찍고 매체에 자주 노출됨으로써 쉽게 들을 수 있는 것입니다. 그렇기 때문에 음악에 크게 관심이 없는 사람들도 박진영의 곡들은 거의 성공을 한다고 인식하는 것이죠. 주변의 교수님, 선생님들이 다방면으로 많은 것을 알고 있는 것처럼 느껴지는 것도 이와 같습니다. 교수님과 선생님들은 보통 이미 자신이 잘 알고 있는 분야의 이야기를 하기 때문에, 이 밖의 다른 분야의 지식도 해박할 것이라고 짐작하게 되는 인지적 오류를 범하게 되는 것입니다.

현재까지 박진영의 이름으로 저작권협회에 등록된 곡은 총 559곡입니다(2018년 4월현재). 그중에서 지금까지 1위를 했던 곡은 43곡으로, 통계적으로 보면 10곡 중 한 곡도 1위를 하지 못한 것입니다. 1위 확률 10분의 1 이하, 이것만 보면 생각보다 그렇게 대단한 결과는 아니라는 생각이 듭니다. 하지만 한 번 더 생각해보면 이것은 엄청난 위대한 일입니다. 저작권이 등록된 곡이 559곡이라면, 그동안 곡을 구상하고 만들면서 버려진 곡들은 대체 얼마나 많았던 것일까요? 적어도 559곡의 몇 배에 해당하는 곡들이 도중에 중단되고 버려졌을 것입니다. 그럼에도 불구하고 단순하게 반복되는 지루한 작업들을 수백수천 번을 계속할 수 있는 힘과 용기가 있었기에 지금의 성공이 있었을 것입니다.

“여러분은 아홉 번의 시행착오 뒤에 이어지는 열 번째 시행착오를
감당할 용기와 열정, 그리고 인내를 가지고 있습니까?
포기하지 않을 자신이 있나요?”

아마 보통의 사람들은 한두 번 시도해보고 생각처럼 일이 잘 안되면 이를 시행착오가 아닌, 실패로 규정짓고 포기하고 맙니다. 하지만 박진영은 그렇지 않았습니다. 열 번의 시행착오를 실패라는 결론이 아닌, 단순한 시행착오라는 과정으로 생각하고 음악을 포기하지 않았던 것입니다. 포기하면 실패, 포기하지

않으면 단순한 시행착오입니다. 이런 시행착오를 통해 대중들의 선호를 학습하고, 자신의 음악세계를 확장하며 개선해나갔던 것입니다. 대부분 우리들은 누군가의 성공을 접하게 될 때, 성공한 사람들의 표면적인 결과만을 접하게 됩니다. 그래서 타인의 성공을 '운 때가 좋아서', '지런 것 하나로 대박이 나다니', '저런 건 나도 할 수 있겠다'와 같은 식으로 폄하하고 쉽게 단정지어버립니다. 하지만 지금껏 성공한 사람들을 지켜보면 그저 운이 좋기만 했던 사람은 단 한 명도 없었습니다. 실패를 통해 성장하고 방법을 찾아 헤맸던 그들의 수많은 시행착오 과정들은 제대로 비춰지지 않기 때문에 사람들은 그저 '운'이라는 쉬운 말로 번역해버리곤 하는 것입니다. 전략도 마찬가지입니다. 한 번에, 하루아침에 뭔가 이루어질 만한 섹시한 전략, 그리고 모든 기업에 적용될 만한 완벽한 전략은 세상에 존재하지 않습니다. 각자가 처한 상황과 앞에 놓인 환경과 조건들을 토대로 최적의 성과를 내려면 시행착오는 결코 피할 수 없는 과정입니다.

미술에 아무리 관심이 없는 사람이라도 한 번쯤 들어봤을 피카소. 피카소는 평생 동안 약 15만 여 점의 작품을 남겼습니다. 특별히 피카소를 좋아하지 않는 이상, 작품의 제목을 들어보거나 한 번이라도 본 적이 있는 것 같은 그림은 거의 없을 것입니다. 그중 《게르니카》 등 소수의 작품만이 대중적으로 많이 알려져 있습니다.

피카소가 '다작을 했기 때문에 위대한 작가로 남을 수 있었다'는 이야기를 하려고 하는 것이 아닙니다. 사실 피카소의 위대함에 대한 여부는 궁금한 문제가 아닙니다. 우리가 던져야 하는 질문은 바로 이것입니다. '과연 우리는 15만 번이라는 반복적인 작업을 해낼 수 있는가?'

15만 점이 넘는 작품을 남긴 피카소 (자료 : CultureM Magazine)

어떠한 일을 해내기 위해서는 반드시 시행착오가 필요합니다. 또 시행착오를 겪으려면 실행을 해봐야 합니다. 그렇게 하나씩 배워가며 실행의 경험을 토대로 계획을 끊임없이 수정해나가는 것이 급변하는 비즈니스 환경에서 살아남기 위한 필수적인 조건입니다.

여러분의 목록에서 당장 무언가 실행할 수 있지만 계획단계에서 그치고 있는 것들이 있다면 그것이 무엇이든 지금 당장 실행해보세요. 하지만 실행한다 해도 아마 생각처럼 되지는 않을 것입니다. 아니, 실행하는 일들의 십중팔구는 분명히 실패합니다. 이건 너무나도 당연한 일입니다. 한 번 실행하는 것만으로 성과를 얻을 수 있다면 이것은 순전히 운일 확률이 높습니다. 이런 운을 기대하기 보다는 실패를 올바른 길로 방향을 잡기위한 시행착오라고 생각하고, 이를 계기로 성장하고 배우는 것이 중요합니다. 여러분은 한 가지 분야에서 5백 번이 넘는 시행착오를 경험할 준비가 되어 있나요? 만약 그렇다면, 여러분은 지금 하고 있는 일에서 가수 박진영 정도의 위치에 오를 수 있습니다. 그리고 15만 번이 넘는 시행착오를 한다면, 여러분의 이름은 반드시 역사에 남을 것입니다.

저 역시 여러 번의 사업과 다양한 프로젝트를 경험하면서 수없이 많은 실패를 겪었습니다. 돌이켜보면 그것이 성장을 위한 시행착오의 과정이었다는 것을 느낍니다. 스티브 잡스가 생전에 스탠포드 대학의 졸업 축사에서 했던 'Connect the dot', 점을 잇는 것에 대한 이야기가 생각납니다. 독립된 점 하나는 그 자체로 큰 의미가 없는 것 같지만, 수많은 점들을 연결하면 하나의 그림이 된다는 것입니다. 시행착오는 멋진 그림을 위해 하나의 점을 찍는 일입니다. 지금 여러분은 삶이라는 도화지에 얼마나 많은 점들을 찍고 계신지요.

"우리가 정말 두려워하는 대상은 무엇일까?

실패? 맞다. 거절? 그럴 수도 있다.

하지만 실패나 거절보다 더 두려워해야 하는 것이 있다.

바로 후회이다."

인문학적 마케팅 사고방식

MARKETING THINK

스타트업을 위한 조언, 사업실패를 피하는 방법

스타트업 (자료 : Unsplash)

1. 무조건 작게 시작하라

처음 스타트업을 시작하는 사람이라면, 사업은 무조건 작게 시작해야 합니다. 이것은 사업의 경험이 풍부한 사업가들에게도 여전히 유효한 불변의 법칙입니다. 아무리 초기 자본

금이 풍부해도(물론 그럴 리 없지만) 작게 시작하는 것은 엄청난 장점이 있습니다.

작게 시작해야 예상하지 못한 수많은 변수에 능동적이고 유연하고 또 빠르게 대처할 수 있습니다. 시작부터 어느 정도의 규모를 가지고 출발하게 되면 시작 당시 수립한 계획을 시장과 고객의 반응에 맞춰 대응하는 데 엄청난 심리적·재무적 비용이 발생합니다. 이것은 곧바로 전략적 경직성으로 연결되는데, 일정 수준 이상의 궤도에 오른 기업도 빠르게 변하는 환경에 대처하지 못하는 실패요인이 됩니다. 하물며 이제 막 시작한 스타트업에게 전략적 경직성은 출생신고서의 잉크가 마르기도 전에 사망신고서를 작성하는 것과 같을 수도 있습니다.

작게 시작하세요. 요즘 같은 시대에 작다는 것은 단점이 아니라, 오히려 핵심적 성공요인으로 작용할 가능성이 큽니다. 인력을 추가로 채용할 때도 두 번, 세 번 생각해야 합니다. 조직을 최소의 규모로 유지하고 비용과 지출도 가급적 통제하는 것이 좋습니다. 더 나아가 지금 있는 조직도 규모를 줄일 수 있다면 최소한으로 줄이는 것이 바람직합니다.

2. 자존심과 체면은 당장 접어라

역시 작게 시작하는 것과 연결되어 있습니다. 많은 사람들이 작게 시작하지 못하는 이유는 우리나라 특유의 체면 문화와 연결됩니다. 남들에게 보이는 사업의 규모나 소위 말하는 체면을 차리기 위해 작은 것보다 큰 것을 선호하는 경향입니다(자동차, 집, 비즈니스 등). 심지어 대기업을 선호하는 현상까지도 타인의 눈을 의식하는 우리의 문화와 관계가 있는 것 같습니다.

하지만 스타트업, 사업을 시작하기로 마음먹었다면 이러한 체면은 접어 두는 것이 좋습니다. 그래도 다른 사람들의 시선이 비즈니스의 형태와 규모를 결정할 만큼 신경 쓰인다면 차라리 시작하지 않기를 권합니다. 이미 사업을 하는 사람들이야 스타트업, 혹은 비즈니스라고 하는 것이 겉보기에는 백조와 같이 우아해 보이지만 현실은 물속에서 쉼 없이 발버둥치는 폼 안 나는 일이라는 것을 잘 알고 있을 것입니다.

스타트업과 사업에 이미 성공한 사람들의 결과만을 보고 폼 나는, 혹은 운이 좋으면 그냥 대박이 나는 것이라고 생각하는 사람들이 많습니다. 그러나 사업에 운이라는 것은 없습니다. 우리는 성공의 결과만 보고 이야기하지만 성공하기까지의 과정에 물론 기쁜 일도 있지만 비참할 정도로 힘들고, 자존심 상하고, 체면을 구기는 일들이 훨씬 더 많다는 것이 현실입니다.

3. 고객의 니즈보다는 욕망에 초점을 맞춰라

고객의 니즈는 주로 기능적인 면에 초점이 맞춰져 있습니다. 그에 반해 욕망은 정서·사회적·심리적인 보이지 않는 영역에서 욕구를 발생시킵니다. 예를 들어볼까요? 불과 몇 년 전, 우리는 '문자해'라고 말했지만, 지금은 '카톡해'라고 말합니다. 문자로도 커뮤니케이션의 본질적인 기능은 충분히 전달할 수 있습니다. 카카오톡의 성공요인에는 여러 가지가 있지만, 무엇보다 기능적인 면에 초점이 맞춰져 있는 고객의 니즈보다는 숨겨진 욕망에 잠재되어 있는 고객들의 문제를 효과적으로 해결한 데에 있습니다.

고객의 욕망, 즉 인간의 욕구와 욕망에 대해 고민해야 합니다. 여기에 아직 풀리지 않은 고객문제가 있고, 문제와 동시에 그 해법에 수없이 많은 비즈니스의 기회가 있습니다. 그리고 또 하나, 초니치 마켓Ultra-niches market으로의 포지셔닝에 해답이 있을 가능성이 높습니다. 가급적 기존의 영역과 경쟁하지 말고 새로운 고객의 인식 영역을 창조하여 시장을 개발하는 새로운 히든 챔피언이 되는 쪽이 장기적으로도 바람직합니다.

4. Smart work하기 위해 Hard work하라

모든 일에는 반드시 성과의 핵심이 되는 지점이 존재합니다. 하지만 그 지점을 파악하려면 먼저 다양한 일들을 다양한 방법으로 시도하면서 스마트하게 일하는 방법을 터득해야 합니다. 결과적으로 일을 많이 하는 사람이 성과를 낼 수밖에 없습니다. 요즘 스타트업에서 그로스 해킹 기법이 하나의 유행으로 자리 잡고 있습니다. 간단하고 쉬운 원포인트 마케팅 기법으로 효과를 극대화시켜 마케팅 대박의 길로 인도한다는 내용에 귀가 솔깃할 수도 있지만 결과적으로는 잔재주나 꼼수에 불과합니다. 에어비앤비, 우버, 인스타그램 등의 사례를 들어가며 로켓과 같은 성장에 그로스 해킹이 중요한 역할을 했다는 것과 같은 이야기는 그냥 흘려들어도 무방합니다.

시간 압축의 비경제성이라는 말을 들어보셨나요? 하루에 10시간 공부하는 것과 하루에 1시간씩 열흘을 공부하는 것이 총 공부 시간은 같지만, 하루 10시간의 공부가 후자에 비해 효율적이지 않다는 것을 의미합니다. 그로스 해킹 같은 상업적인 마케팅 용어에 혹하기보다는 비즈니스와 가치의 본질에 관한 초점이 흐트러지지 않는 것이 중요합니다.

먼저 단순히 일을 경험하는 절대시간이 채워지고 나면, 그다음 스마트하게 일하는 방법과 방향이 보이기 시작합니다. 혹시 성공을 돕는다는 지름길에 관한 테크닉과 스킬이 있다면 무시하기 바랍니다. 지름길은 없습니다. 주변의 성공을 결과만으로 판단하고 그들은 지름길로 갔을 것이라는 생각은 잘못된 것입니다. 스마트하게 일하기 위해서는 먼저 스마트하지 않은 바보 같은 시간이 필요합니다. 이 점을 꼭 명심하세요.

사업실패를 피하는 방법에 관해 원론적인 이야기를 간단하게 해보았습니다. 비즈니스에 딱 떨어지는 정답은 어디에도 존재하지 않습니다. 지금 여기에서 주장하는 내용 역시 모든 상황에서의 정답이 아닙니다. 하지만 각자에게 맞는 정답을 도출해내기 위해서는 무엇보다 고민의 시간과 실행의 과정이 필요하다는 사실만큼은 정답이라고 할 수 있을 것입니다. 위의 내용들을 전부 기억할 필요는 없지만 작게 시작하되, 계획보다 실행에 초점을 맞추고, 스마트하게 일하기 위해서는 반드시 절대시간이 채워져야 한다는 것만 기억하면 도움이 될 것 같습니다.

■ IMC 전략 : 속이지 않는 것만으로도 장점이 되는 시대

많은 사람들이 마케팅 자체라고 생각하는 것, 그것이 바로 통합 마케팅 커뮤니케이션이라고 하는 IMC[Integrated Marketing Communication] 전략입니다.

IMC 전략이란 소비자에게 메시지를 전달할 수 있는 모든 채널들을 통해 커뮤니케이션하는 것입니다. 광고·홍보·PR·프로모션 등은 IMC 전략의 일환입니다. IMC는 문자가 의미하는 그대로 기업이 전달하고자 하는 메시지를 통합적으로 전달하는 것입니다.

IMC는 매스미디어를 이용하여 불특정 다수의 고객을 상대로 커뮤니케이션을 하는 ATL[Above The Line], 그 밖에 구체적인 타깃을 대상으로 하는 커뮤니케이션을 뜻하는 BTL[Below The Line]이 있습니다. 마케팅 채널의 관점에서 이야기하는 편이 좀 더 쉬울 것 같습니다. 일반적으로 4대 매체라고 하는 TV, 신문, 라디오, 잡지를 통한 커뮤니케이션 활동은 ATL, 그 밖에 오프라인 매장, SNS, DM 등의 채널을 활용한 커뮤니케이션을 BTL이라고 합니다. 그리고 이 둘을 통합적으로 운영하는 것을 TTL[Through The Line]이라고 합니다.

그동안 4대 매체를 통한 커뮤니케이션은 IMC 전략에서 굉장히 중요한 위치를 차지했습니다. 불특정 다수의 많은 사람들을 상대로 메시지를 전달(이를 '도달률이 높다'는 말로 표현합니다)하기만 하면 일정 수준 이상의 매출과 수익이 보장되었습니다. 하지만 갈수록 4대 매체, ATL 보다 BTL 커뮤니케이션이 주목을 받기 시작하고 있습니다. 왜냐하면 이제 고객들은 더 이상 필요가 아닌 욕구를 충족시켜주는 다양하고 세분화된 상품과 서비스를 원하기 때문입니다. 빅데이터를 활용한 CRM이 중요해지고 있는 것도 이와 같은 맥락입니다. 게다가 ATL은

TV, 라디오, 신문을 통해 광고하는 것이기 때문에 비용의 부담이 큽니다. 한 번 광고하는 데 적어도 수십억 정도의 예산을 쏟아 부어야 그나마 고객들이 어디서 한 번 본 것 같은 느낌이라도 받을 수 있는 것이죠. 반면에 BTL의 경우 적은 비용으로 표적고객을 향해 직접 커뮤니케이션 할 수 있다는 장점이 있습니다.

ATL과 BTL의 기본적인 맥락이 어느 정도 이해가 되셨나요? 둘을 구분하여 설명했지만 최근에는 ATL과 BTL을 굳이 따로 떨어뜨려 IMC 전략을 수립하지 않습니다. 현재 비즈니스의 카테고리가 산업 간의 무경계성을 띄는 것과 마찬가지로 IMC 전략에 있어서도 각 채널간의 경계가 모호해지고 있습니다. 더구나 모바일과 개인화된 CRM, 이를 통한 고객경험 창출이 중요해지고 있기 때문에 IMC 전략은 채널중심이 아닌, 고객의 라이프스타일을 중심으로 ATL과 BTL이 모바일들의 기술과 어우러져 컨버전스되어 가는 방향으로 나아가고 있습니다.

동아제약의 박카스는 오랫동안 IMC 전략을 성공적으로 실행한 브랜드입니다. 채널의 관점에서 박카스는 BTL 채널의 특성을 이용하여 ATL의 리스크를 줄이는 방법을 IMC를 하고 있습니다. SNS와 온라인상에서 진행하는 29초 영화제라는 광고 공모전을 진행하고 여기에서 입선된 광고들에 대한 고객들의 반응을 살핀 후에, 여기에서 반응이 좋았던 광고를 TV로 내보내는 전략입니다. 쌍방향 커뮤니케이션이라는 SNS와 온라인의 특성을 이용하여 빠르게 광고의 컨셉과 반응에 대한 피드백을 얻는 것으로, 일종의 A/B 테스트인 셈입니다. 이를 통해 이미 검증된 콘텐츠를 TV로 내보냄으로써 리스크를 줄이고 IMC 전략의 효과를 극대화하는 것입니다.

배우 김보성하면 떠오르는 '의리'라는 키워드로 사람들의 뇌리에 강한 인상을 심어줬던 팔도 비락식혜 역시 유튜브를 통해 콘텐츠를 검증하고 TV 광고로 옮겨가는 IMC 전략을 통해 큰 성공을 거두었습니다.

그렇다면 커뮤니케이션 메시지 관점에서의 IMC 전략에 대해서도 살펴볼까요? IMC에서 채널 운영에 관한 전략도 중요하지만, 사실 더 중요한 것은 메시지입니다. 메시지에서 언급하고자 하는 것은 크게 세 가지입니다.

"진정성, 고객지향성, 일관성"

■ 진정성 : 진실의 순간은 반드시 온다

가장 중요한 것은 진정성입니다. 이미 진정성의 중요성은 여러 번 언급했습니다. IMC 전략에 있어서도 가장 중요한 것이 바로 진정성입니다. 먼저 우리나라에서 메시지 자체가 많은 사람들의 공감을 이끌어내 성공적인 IMC로 평가받았던 두 개의 콘텐츠를 소개합니다.

먼저 모 아파트 브랜드입니다. 약 2년 동안 '진심이 짓는다'라는 광고 시리즈로 소비자들에게 호응을 얻었던 광고가 있습니다. 이 아파트 브랜드는 '진심이 짓는다'는 IMC 전략을 통해 일약 최고 수준의 브랜드 인지도와 선호도, 그리고 기존 대비 100%에 가까운 고객들의 향후 구매의향 상승으로 승승장구했습니다. 이 아파트 브랜드 광고 시리즈 중 다음과 같은 카피가 있습니다.

"진심이 짓는다. 톱스타가 나옵니다. 그녀는 거기에 살지 않습니다.
유럽의 성 그림이 나옵니다. 우리의 주소지는 대한민국입니다.
이해는 합니다. 그래야 시세가 오를 것 같으니까.
하지만 생각해봅니다. 가장 높은 시세를 받아야 하는 건 무엇인지,
저희가 찾은 답은 '진심'입니다."

다시 봐도 굉장히 공감이 가는 메시지입니다. 진심이라는 단어와 광고가 전달하는 메시지에서 진정성을 느낄 수 있습니다. 하지만 2016년 이 회사의 한 임원이 운전기사를 상대로 상습적인 폭언과 인격비하적인 발언을 하며 물의를 일으킨 사실이 모든 언론을 통해 공개되면서, 그동안 IMC를 통해 꾸준히 쌓아왔던 고객들의 브랜드에 대한 신뢰와 이미지를 한순간에 잃게 되는 결과를 초래하게 되었습니다. IMC를 통해 고객에게 던지는 메시지가 울림이 있고 공감이 가는 내용이었기에 '진심'과는 거리가 먼 해당 회사 임원의 부적절한 행동은 더 큰 부정적 결과를 초래했습니다.

총 6년간 13편의 광고를 통해 '사람이 미래다'라는 메시지로 긍정적인 브랜드 이미지를 구축했던 한 기업도 마찬가지였습니다. 항상 사람이 미래라고 말하던 이 기업은 정작 기업운영의 위기가 닥쳐오자 사람을 제일 먼저 버리는 의사결정을 단행했습니다. 심지어 여기에는 신입사원도 포함이 되어 있었습니다. 이후 이 회사의 광고 카피는 '사람이 노예다' 등의 각종 패러디로 소비자들의 조롱의 대상이 되기도 했습니다. 이 일 역시 차라리 '사람이 미래다'라는 메시지로 커뮤니케이션하지 않았더라면 이 정도의 역풍을 맞지는 않았을 것입니다. 진정성이라는 알맹이 없이, 보기 좋고 듣기 좋은 말로 사람들의 일시적인 마음을 얻는 것

에 무슨 소용이 있을까요? 이것을 과연 바람직한 전략이라고 할 수 있을까요? 전략의 출발이 해당기업이 진정성을 품고 있는 철학으로부터 시작되지 않는다면, 결국 다시 원점인 철학과 진정성을 고민하는 단계로 회귀하게 됩니다. 모든 전략은 해당 기업의 철학을 대변해야 합니다. 그 철학에 진정성이 담겨있어야 되는 것은 물론입니다.

■ 고객지향성 : 사소한 관점의 차이

IMC 전략에서 중요한 또 한 가지는 바로 고객지향성입니다. 메시지를 전달하는 쪽의 관점이 아니라, 메시지를 받는 사람의 관점에서 생각하는 것입니다. 하지만 막상 고객의 입장에서 이야기하는 것은 생각만큼 쉽지 않습니다. 머리로는 알고 있지만 막상 상황이 닥치면 고객이 듣고 싶어 하는 말보다 내가 하고 싶은 말을 하게 되는 것입니다. 우리가 가치를 논의하면서 함께 결론 내렸듯이 IMC 전략상의 커뮤니케이션도 고객의 편익과 비용의 관점에서 끊임없이 생각해야 합니다. 고객이 혜택이라고 느낄 수 있는 메시지, 고객의 삶의 가치를 높여줄 수 있는 메시지, 고객에게 정보를 제공하는 메시지 등이 고객의 입장에서 혜택이라고 느낄 수 있는 메시지입니다. 고객지향성에 관한 사례를 하나 소개하고 넘어가도록 하겠습니다.

역사상 IMC 메시지를 가장 잘 뽑아내는 광고인을 꼽으라면 아마 많은 사람들이 데이비드 오길비[David Ogilvy]라는 카피라이터를 떠올릴 것입니다. 우리가 흔히 한 분야의 대가를 이야기할 때 무엇의 아버지라는 표현을 사용하죠? 현대 경영학의 아버지인 피터 드러커, 현대 마케팅의 아버지를 필립 코틀러라고 한다면,

현대 광고계의 아버지는 데이비드 오길비라고 할 수 있습니다. 데이비드 오길비는 39세라는 늦은 나이에 광고 일을 시작하여 이름을 알린 입지전적인 인물로, 특히 자동차 역사상 가장 유명한 롤스로이스의 카피로 유명합니다.

"At 60 miles an hour the loudest noise in this new Rolls-Royce comes from the electric clock"

What makes Rolls-Royce the best car in the world? "There is really no magic about it— it is merely patient attention to detail," says an eminent Rolls-Royce engineer.

1. "At 60 miles an hour the loudest noise comes from the electric clock," reports the Technical Editor of THE MOTOR. Three mufflers tune out sound frequencies—acoustically.

2. Every Rolls-Royce engine is run for seven hours at full throttle before installation, and each car is test-driven for hundreds of miles over varying road surfaces.

3. The Rolls-Royce is designed as an *owner-driven* car. It is eighteen inches shorter than the largest domestic cars.

4. The car has power steering, power brakes and automatic gear-shift. It is very easy to drive and to park. No chauffeur required.

5. The finished car spends a week in the final test-shop, being fine-tuned. Here it is subjected to 98 separate ordeals. For example, the engineers use a *stethoscope* to listen for axle-whine.

6. The Rolls-Royce is guaranteed for *three* years. With a new network of dealers and parts-depots from Coast to Coast, service is no problem.

7. The Rolls-Royce radiator has never changed, except that when Sir Henry Royce died in 1933 the monogram RR was changed from red to black.

8. The coachwork is given five coats of primer paint, and hand rubbed between each coat, before *nine* coats of finishing paint go on.

9. By moving a switch on the steering column, you can adjust the shock-absorbers to suit road conditions.

10. A picnic table, veneered in French walnut, slides out from under the dash. Two more swing out behind the front seats.

11. You can get such optional extras as an Espresso coffee-making machine, a dictating machine, a bed, hot and cold water for washing, an electric razor or a telephone.

12. There are three separate systems of power brakes, two hydraulic and one mechanical. Damage to one system will not affect the others. The Rolls-Royce is a very *safe* car—and also a very *lively* car. It cruises serenely at eighty-five. Top speed is in excess of 100 m.p.h.

13. The Bentley is made by Rolls-Royce. Except for the radiators, they are identical motor cars, manufactured by the same engineers in the same works. People who feel diffident about driving a Rolls-Royce can buy a Bentley.

PRICE. The Rolls-Royce illustrated in this advertisement—f.o.b. principal ports of entry—costs **$13,995.**

If you would like the rewarding experience of driving a Rolls-Royce or Bentley, write or telephone to one of the dealers listed on the opposite page.

Rolls-Royce Inc., 10 Rockefeller Plaza, New York 20, N. Y., Circle 5-1144.

March 1959

데이비드 오길비의 롤스로이스 자동차 광고 (자료 : 잡지 캡처)

"시속 60마일로 달리는 신형 롤스로이스에서 들리는
가장 큰 소음은 전자시계 소리입니다."

당시 롤스로이스가 고객들에게 제공하는 편익과 차별화 지점의 핵심적인 요소를 분명하게 나타내는 광고 카피입니다. 이 광고를 본 롤스로이스의 엔지니어는 '그 망할 전자시계를 손봐야겠다'고 말해 더 화제가 되었습니다. 데이비드 오길비는 기존의 공급자 중심 광고에서 고객지향적인 광고의 시대를 열었다는 점에서 높게 평가받고 있습니다.

데이비드 오길비의 일화 중에 고객지향적인 메시지가 잘 표현되어 있는 사례가 한 가지 더 있습니다. 어느 날 데이비드 오길비는 길을 걷다 우연히 구걸하고 있는 장님의 모습을 보게 됩니다. 장님은 다음과 같은 푯말을 들고 있었습니다.

"저는 장님입니다, 도와주세요."
(I'M BLIND, PLEASE HELP)

데이비드 오길비는 그냥 지나치려다가 다시 되돌아가 장님이 들고 있던 푯말을 수정했습니다. 그 이후 길을 지나가던 사람들이 장님의 푯말을 보고서는 하나둘씩 빈 깡통에 돈을 채워 넣기 시작했습니다. 대체 데이비드 오길비는 장님의 푯말을 어떻게 바꿔 놓았던 걸까요?

"아름다운 날이네요. 하지만 저는 볼 수 없어요."
(IT'S A BEAUTIFUL DAY AND I CAN'T SEE IT)

어떤가요? 우리들의 마음을 움직이는 메시지이지 않나요? 뭔가 대단한 테크닉인 것 같지만, 사실 아주 작은 관점의 차이입니다. IMC 전략의 메시지를 도출할 때, 거래라는 의도에 몰입되어 있는 입장이 아니라, 이를 받아들이는 고객이 가치를 느낄 수 있는 혜택과 관계성에 초점을 맞춰야 합니다.

'나'의 관점에서 '우리의 상품을 구매하세요.'라고 강요하기보다, '상대방'의 관점에서 '우리는 당신이 가지고 있는 문제를 해결할 수 있습니다.'라고 설득하세요. 거래에 대한 집착을 조금만 버리고 관계적인 가치에 초점을 맞춘다면, 작은 발상의 전환이 큰 변화를 가져올 것이라고 확신합니다.

■ 일관성 : 소비자는 서커스 단원이 아니다

IMC 채널별로 각기 다른 메시지에 다른 톤과 매너를 담는 것이 아니라, 하나의 메시지 한 가지의 톤과 매너를 담은 일관성 있는 전략을 수립해야 합니다. 보통 IMC 전략을 수립할 때 쉽게 빠지는 유혹이 바로 '다양함'입니다. 예를 들어 우리의 입장에서 보면 우리의 상품과 서비스는 고객들에게 어필할 수 있는 장점이 너무 많습니다. 그래서 이것도 이야기하고 저것도 이야기해야 합니다. 한 가지만 말하기에는 너무 아쉬운 것이죠. 현장에서 일어나는 가장 큰 아이러니는 바로 다음과 같습니다.

보통 현장(마케팅팀, 또는 대행사)에서 가장 날카롭고 매력적인 커뮤니케이션 전략이 도출됩니다. 그런데 애초의 메시지는 많은 사람들의 의견과 생각이 더해지면서 좋아지고 개선되기는커녕 산으로 가는 경우가 많습니다. 만약 노트북에 대한 메시지를 도출한다면 무게가 가볍고, 배터리가 오래가고, 디자인이 훌륭하고, 확장성이 좋고, 해상도가 뛰어나며, 속도가 빠르고, 소음이 적다는 수많은 장점들이 있을 것입니다. 왠지 이 중 한 가지라도 고객에게 이야기하지 않으면 장점을 제대로 어필하지 못하는 것 같고, 손해를 보는 것 같은 느낌마저 듭니다. 만약 처음 도출되었던 메시지가 '가벼운 무게'에 맞춰져 IMC 메시지를 포함한 모든 마케팅 전략의 핵심을 '가벼움'이라는 단어로 정하면, 그다음에는 여기저기에서 말이 많아지기 시작합니다.

'우리 노트북이 경쟁사보다 해상도가 더 높은데, 이 점은 왜 어필하지 않는 거야?', '게다가 배터리 수명도 경쟁사보다 몇 시간이나 오래가고 심지어 속도까지 빠른데, 이런 사실을 소비자에게 이야기해야 하지 않을까?'

아마 이미 경험을 해보신 분들은 알겠지만, 이렇게 훈수가 많아지고 더구나 그 훈수들이 거절할 수 없는 회사의 의사결정권자나, 고객사일 경우 재앙이 시작됩니다. 그때부터는 이런저런 의견들을 반영해 모든 것들을 강조하게 됩니다. 한번 생각해볼까요? 모든 것들을 강조하는 것이 과연 '강조'의 의미에 부합하는 것일까요? 모든 것을 강조하는 것은 '아무것도 강조하지 않는 것'과 같습니다. 다시 처음을 떠올려보겠습니다. 의사결정과 트레이드오프, 기억나시죠? 아무것도 포기할 수 없다면, 아무것도 선택하지 않는 것이나 마찬가지입니다.

메시지를 하나의 공이라고 생각해봅시다. 고객에게 공을 하나 던집니다. 한 개의 공을 받는 것은 별로 어렵지 않을 것입니다. 한 개의 공을 받는 데 집중하면 되기 때문이죠. 하지만 동시에 두 개의 공을 던진다면 어떨까요? 두 개까지는 받을 수도 있을 것 같네요. 하지만 한 개의 공을 받는 것보다는 어려울 것입니다. 마지막으로 다섯 개, 여섯 개의 공을 동시에 던지면 어떻게 될까요? 그 공을 다 받아낼 수 있을까요? 게다가 공(메시지)을 받는 고객은 그 공을 받으려고 집중하는 존재가 아닙니다. 공을 받았을 때 관심이 생기면 그때서야 자세히 살펴볼 것입니다. 먼저 하나의 공을 받게 하는 것이 가장 중요합니다.

LG 그램 노트북 광고 (자료 : 광고 캡처)

메시지, 그리고 채널에 따른 톤과 매너에 있어 일관성을 가진 커뮤니케이션으로 LG의 노트북 '그램'과 유니클로가 적절한 사례가 아닐까 싶습니다. 먼저 노트북 '그램'은 브랜드명에서부터 전달하고자하는 메시지가 명확하게 드러납니다. 채 1kg도 안 되는 그램(g) 단위의 무게를 가진 초경량 노트북이라는 것입니다.

실제 IMC 전략의 '그램'이라는 한 가지 단어로 연상되는 가벼움의 이미지를 형상화하여 집중적으로 진행했습니다. 여기서 생각해봐야 할 부분은 '그램'이라는 브랜드명으로 커뮤니케이션하는 것이 단순히 IMC 전략만으로 가능한 것이 아니라는 사실입니다. 노트북의 신제품 개발 단계에서부터 하나의 컨셉을 가진 톤과 매너를 설정해 놓고 STP, IMC 등의 전략에서 가벼운 무게의 '그램'이라는 핵심적인 키워드의 일관성을 가지고 진행하지 않았다면 불가능한 일이었을 것입니다.

유니클로의 경우도 마찬가지입니다. 특히 유니클로는 IMC 모든 채널에서 브랜드명을 노출하지 않아도 '이건 유니클로의 광고야'라고 인식할 수 있을 정도의 동일한 톤과 매너를 보여주고 있습니다. 최근의 화장품 브랜드 AHC의 IMC 전략도 마찬가지입니다. 동일한 메시지를 일관적인 톤과 매너로 고객에게 전달하는 것이 쉽게 느껴질 수도 있습니다. 하지만 IMC 전략에서 메시지의 통일성과 일관성을 유지하기 어려운 본질적인 이유는 회사 부서 간의 다양한 이해관계 때문입니다.

유니클로 광고 (자료 : 광고 캡처)

■ 새로운 메시지가 가장 나쁘다

IMC는 단순히 마케팅, 혹은 광고홍보팀의 선에서 해결되는 문제가 아닙니다. 연구·개발, 재무·회계, 인사·조직 등 모든 부서가 회사의 전략을 이해하고 동일한 철학을 공유했을 때, 처음 IMC 전략을 통해 이야기하고자 했던 메시지를 고객에게 전달할 수 있는 것입니다. 이 일은 광고만 잘한다고 해서 되는 문제가 아닙니다. 고객 접점에 있는 현장의 구성원들까지도 회사의 전략을 깊이 이해하고 있을 때 IMC 전략을 통해 전달하려고 했던 가치가 최종고객에게 전달되어 훼손되지 않은 신선한 상태의 메시지로 공감을 이끌어내는 것입니다.

가장 중요한 고객은 내부고객입니다. IMC는 가장 먼저 내부의 모든 구성원들을 설득할 수 있어야 합니다. 그러기 위해서는 먼저 내부고객이 공감할 수 있고, 이해할 수 있어야 할 것입니다. 메시지의 내용과 말이라는 포장은 그럴듯하지만, 내부에서 생각하기에도 동의하기 힘든 IMC가 성공적으로 실행되는 것은 불가능합니다.

기업이 추구하는 철학과 미션이 조직문화에 깊숙하게 침투되어 있지 않다면, IMC를 비롯한 가치사슬 내의 다양한 활동은 방향성을 잃고 저마다 다른 색과 향을 가진 개별적인 개성으로만 존재하게 됩니다. 하지만 조직이란 단어 자체가 그렇듯, 모든 항목들이 철학과 미션이라는 전략적 준거를 따르지 않고 각기 개별적으로 존재한다면 조직이 조직으로 존재할 이유가 없습니다. 비즈니스를 이루고 있는 수많은 항목들의 개성(차별성)은 전체적인 비즈니스의 톤과 조화를 이루는 것이 중요합니다.

주로 창업자에 의해 공유된 철학과 미션, 비전이 조직문화로 스며들면 7P mix [11], STP, CSR · CSV 등 다양한 전략들은 그 철학을 준거점으로 자연스레 수립됩니다. 이 과정은 내부 이해관계자의 설득을 위한 노력과 진정성, 그리고 시간을 필요로 합니다. 지금 어떤 기업이라도 좋으니 자신이 알고 있는 기업의 웹사이트에서 해당 기업의 철학을 살펴보시기 바랍니다. 아마 대다수 기업들의 철

---

11) 7P mix : 상품(product), 가격(price), 유통(place), 판매촉진(promotion)이라는 전통적인 4P에 무형의 서비스를 위한 물리적 증거(physical evidence), 인적 요소(people), 프로세스(process)를 추가한 것이 7P입니다. 7P mix는 마케팅의 7가지 핵심요소들에 대한 개별적인 전략과 전체적인 전략이 MECE(Mutually Exclusive Collectively Exhaustive) 관점에서 조합을 이룰 수 있도록 하는 것을 뜻합니다.

학이나 미션과 같이 전략의 핵심적인 중추가 되는 항목들이 얼마나 형식적으로 표현되고 있는지 확인할 수 있을 것입니다. 가장 핵심적인 전략의 본질을 현상적이고 표면적으로는 그럴싸한 단어들로 포장해놓은 채, 조직의 구성원들에게는 원래부터 존재하지도 않는 회사의 철학과 비전, 미션을 위해 일할 것을 종용하는 것은 정말 안타까운 현실입니다.

기업의 지속가능성은 철학에서 잉태한 조직문화의 자양분을 먹고 자랍니다. 모든 차별화의 지점은 가격이 아니라, 철학입니다. 그리고 회사의 철학에 대한 이해와 공감이 조직문화에 깊숙이 스며드는 것이야말로 누구도 모방할 수 없는 진정한 핵심역량입니다.

IMC를 통해 전달하고자 하는 메시지가 내부고객에게 낯설고 새로운 것이어서는 안 됩니다. IMC는 평소 조직에 자연스럽게 공유되고 있는 회사의 문화, 그리고 조직문화를 창조하는 철학과 가치에서 시작되는 것입니다. 내부고객도 공감하기 힘든 IMC 메시지를 외부에서 공감하길 기대해서는 안 됩니다.

진정성, 고객지향성, 일관성…
이 중에서 특히 진정성을 잊지 말길, 그리고 잃지 마시길 바랍니다.

■ 날것 그대로의 힘

훌륭한 요리사(경영자)는 재료(핵심역량 또는 철학)가 가지고 있는 본연의 맛(가치)을 최대한 살리는 반면, 그렇지 않은 요리사는 다양한 재료와 조미료를 이것저것 잔뜩 집어넣어 쉽게 질릴 수밖에 없는 자극적인 요리(결과물)를 내놓습니다. 마찬가지로 대부분의 비즈니스가 실패하고 엉뚱한 방향으로 향하게 되는 가장 큰 이유도 바로 좋아 보이는 모든 것을 추가하고 더하려고 하기 때문입니다. 사실 가지고 있는 재료가 명확하지 않을 때 무언가를 추가하고 싶은 강한 유혹에 끌리게 됩니다. 왜냐하면 핵심역량과 철학이 명확하지 않다는 것을 스스로도 알고 있기 때문입니다.

좋아 보이는 모든 것을 추가하다가 재료가 가지고 있는 본연의 맛은 살리지 못한 요리가 고객들의 입맛에 맞을 리 없습니다. 대체 이게 무슨 맛인지, 무슨 요리인지 정체를 알 수 없습니다.

무엇이 문제일까요? 요리사 자신도 스스로가 무슨 맛을 내고 싶어 하는지 모르기 때문입니다. 생각보다 많은 경영자들이 그렇습니다. 본질이 명확하지 않으니 점점 흐려지고, 흐린 것을 명확하게 표현하려다 결국에는 MSG로 맛을 냅니다. 이 유혹을 떨치기 힘든 이유는 그 맛이 참 그럴듯하다는 것입니다.

하지만 문제는 MSG로 맛을 내는 건 마음만 먹으면 누구나 쉽게 따라할 수 있다는 것에 있습니다. 상황이 이렇다보니 재료가 가지고 있는 본연의 맛을 살리고자 노력하는 것이 어쩌면 바보처럼 느껴질 수도 있습니다.

하지만 오랫동안 고객이 끊이지 않는 곳은 MSG로 맛을 내는 곳이 아니라, 재료가 가지고 있는 본연의 맛을 그대로 잘 살려내는 곳입니다. 꼼수는 정수를 이길 수 없습니다. 그리고 묘수는 반드시 정수 안에 존재합니다. 꼼수는 기발하지만, 묘수는 너무나도 당연하고 단순해서 우리가 간과하는 지점에 있습니다. 애써 꼼수를 위해 머리를 쓸 필요는 없습니다. 그 시간에 차라리 누군가에게 마음을 쓰는 것이 낫습니다.

지금까지의 경험을 통해 깨달은 것이 한 가지 있습니다. 바른길이 가장 빠른 길이라는 사실입니다. 얼마 전 '브랜드 전략에서 가장 중요한 것은 무엇입니까?'라는 질문에 저는 '좋은 브랜드, 그 자체가 되는 것이 가장 완벽한 브랜드 전략입니다.'라고 대답했습니다. 사실 너무 당연한 이야기입니다. 하지만 너무나도 많은 사람들이 부차적인 전략으로 뭔가를 자꾸 포장하려고 합니다. 정말 좋은 비즈니스와 마케팅 전략은 포장을 벗겨내는 것입니다. 본질적인 것을 단순한 날것의 상태 그대로 보여주는 것이죠. 이제는 속이지 않는 것만으로도 엄청난 장점이 되는 시대입니다.

스웨그[Swag]보다 중요한 건 진정성입니다. 진짜가 아니면 자꾸만 복잡해집니다. 한번 거짓말을 하기 시작하면 거짓말이 들통나지 않도록 계속 거짓말을 해야 하는 것과 같습니다. 반면에 진정성은 아주 단순합니다. 미사여구를 붙일 필요조차 없습니다.

한껏 멋지게 꾸미고 포장한 전략은 힘이 없습니다. 차라리 날것 그대로의 힘이 훨씬 강력합니다.

"단순함이란 궁극의 정교함이다."

- 레오나르도 다빈치 -

인문학적 마케팅 사고방식

MARKETING THINK

당신은 'NO'라고 대답할 준비가 되어 있습니까?

경영과 마케팅은 전략이라는 말을 참 좋아합니다. 늘 습관적으로 반복하여 사용하고 있는 전략, 사전적 의미의 전략, 전술을 논외로 한다면 과연 전략이란 무엇일까요? 전략을 한마디로 표현한다면, '철학의 묶음'입니다. 철학의 묶음은 다양한 기업의 활동에서 표면적으로 드러나는 전략의 본질을 규정하고 있는 의식의 틀입니다. 그렇기 때문에 좋은 전략의 출발점은 좋은 철학에서 시작됩니다.

우리가 좋은 전략이라고 평가하는 거의 모든 것들은 하나의 공통점을 가지고 있습니다. 그것은 바로 전략이 그 회사가 추구하는 가치가 무엇인지를 명확하게 드러내고 있다는 것입니다. 이것을 차별화라고 부릅니다. 차별화는 단순히 다르다는, 또는 더 나은 것만으로는 성립하지 않습니다. 차별화는 다른 것들과의 비교가 무의미해지는 지점에 존재합니다. 그 지점이 바로 철학입니다. 철학은 그 자체로 차별화의 원천이 되는 자산입니다.

하지만 대부분의 기업들이 이미 경쟁사의 브랜드가 만들어 놓은 차별화의 부산물에 관심이 많습니다. 원하든 원하지 않든 흔히 전략이라는 것을 도출할 때 사용하는 매트릭스 등의 툴은 차별화의 반대 지점으로 향하게 만드는 강력한 힘을 가지고 있습니다.

마케팅 전략을 도출할 때 사용하는 매트릭스는 경쟁사를 최대한 닮아가는 결과가 나오도록 안전하게 세팅되어 있습니다. 누가 그 작업을 하더라도 의미 있는 차이점이 나올 수 없도록 평균이라는 결과물로 프레이밍되어 있는 것입니다. 그 이유는 바로 거의 모든 전략적 사고방식의 준거점이 경쟁사에 있기 때문입니다. 하지만 아이러니하게도 이미 답이 정해진 툴 안에서 생각하면서 틀을 벗어나는 전략이 도출되기를 기대합니다. 틀에 박힌 전략과 생각이 나오는 것이 너무나도 당연한데도 말입니다.

문제는 전략을 바라보는 관점입니다. 안타깝게도 마케팅 전략 도출을 위한 툴을 전략 자체로 이해하고 접근하는 것입니다. 마케팅 툴은 단순히 철학의 묶음을 풀어내는 도구에 불과합니다. 그 자체로 전략의 원천인 철학을 대변하는 것이 아닙니다. 차별화를 위한 전략을 원한다면 질문이 달라져야 합니다. 만약 그동안 '우리의 고객은 누구인가?'라는 질문을 던졌다면, 이제는 '우리의 고객이 아닌 사람은 누구인가?'에 대해 자문해봐야 합니다.

가치와 철학은 무언가를 선택하는 것을 통해서가 아니라, 무언가를 제외시키고 포기하는 목록들을 통해 선명하게 드러납니다. 만약 스스로 어떠한 질문에 대해 'NO'라고 대답할 준비가 되어 있지 않다면 이것은 추구하는 가치와 철학이 명확하지 않다는 증거입니다.

전략을 생각하고 있다면, 차별화의 지점을 고민하고 있다면, 그 답을 유행하는 현상이나 툴에서 찾을 것이 아니라 자신 있게 'NO'라고 말할 수 있는 바로 그 지점에서 시작하기 바랍니다.

전략의 출발점이 명확하다면 나머지는 그 가치와 철학에 동의하는 고객들이 세상에서 가장 강력한 마케팅 플랫폼 역할을 대신할 것입니다.

답은 어디에 있는가?

■ 모두를 위한 것은 누구를 위한 것도 아니다

지금까지 이야기한 IMC 전략은 사실 마케팅 포지셔닝의 문제와도 직결됩니다. 왜냐하면 IMC는 STP 전략인 Segmentation(시장 세분화), Targeting(타깃 선정), Positioning(고객 마음속의 위치)을 통해 목표시장과 잠재고객군을 정의한 후 이들에게 적합한 메시지를 개발하여 커뮤니케이션 하는 것이기 때문입니다. STP란 소비자를 인구통계적(나이, 성별, 수입), 지리적, 심리적(준거집단, 개성표현), 행동적(사용상황, 빈도) 특성 등의 기준으로 고객과 시장을 나누고 쪼개어 우리가 공략해야 할 목표시장과 고객의 범위를 정의하는 것입니다. 목표시장과 고객은 최대한 좁게 정의하는 것이 효과적이며, 대신 여기에는 최소시장(잠재적 이익이 투자비용보다 큰 시장)이 존재해야 합니다. 그렇다면 한번 생각해 볼까요?

"STP 전략은 왜 필요할까?"

사실 기업의 입장에서는 모든 잠재시장과 고객을 상대로 마케팅하고 싶습니다. 실제 산업혁명 직후인 18세기 중엽에는 굳이 STP를 할 필요가 없었습니다. 폭발적인 고객들의 수요를 공급이 따라가지 못하는 상황이었기 때문에 STP 전략이라는 개념은커녕 마케팅의 필요성도 느끼지 못했던 것입니다. 헨리 포드의 말은 당시 공급자 중심의 비즈니스 환경을 잘 대변합니다.

"어떤 고객이든 원하는 색상의 자동차를 가질 수 있습니다.
단, 원하는 색상이 검정색이기만 하다면 말입니다."

하지만 시간이 지나면서 공급이 고객의 수요를 초과하기 시작했고, 기업 간의 경쟁의 개념이 본격화되면서 차별화가 필요해지기 시작했습니다. 고객들에게 다른 회사에서 제공하는 상품이 아닌 우리 회사의 것을 구입해야 하는 이유를 설득해야 하는 상황이 된 것입니다. 그래서 전체시장을 세분시장으로 나누어 고객들의 구체적인 문제(필요)를 해결하고, 경쟁에서 벗어나 독점적 지위를 차지하고자 시작했던 것이 바로 STP입니다. 전에는 단순히 샴푸를 머리를 감는 용도로 제공했다면, 이제는 탈모방지와 비듬제거를 위한 샴푸, 향이 좋은 퍼퓸샴푸, 한방 원료를 사용한 한방샴푸, 머리카락의 윤기를 위한 샴푸 등으로 고객문제(고객이 필요로 하고 원하는 것)에 세분화된 상품을 내놓기 시작한 것입니다.

갈수록 시장은 더 작고 좁게 세분화되고 있습니다. 고객의 표면적인 문제(기능적)뿐만 아니라, 무의식적으로 잠재되어 있는 문제(정서적, 사회적, 심리적)를 통해서도 세분화하여 차별화하고 있습니다. 더 나은 것을 넘어, 다른 것을 통해 차별화를 시도하고 있는 것입니다.

모든 시장, 모든 고객을 대상으로 관계를 맺을 수 있다면 금상첨화입니다. 하지만 현대의 마케팅은 공급경쟁이 치열한 레드오션 시장에서 수성하기보다 경쟁이 존재하지 않는 블루오션 이라는 틈새시장에서 독점하기 위한 전략적 고민이 주를 이루고 있습니다. 극단적으로 좁은 틈새시장이라는 의미의 초니치 마켓Ultra-niches market이라는 용어가 생겨났을 정도이니까요.

■ 주먹보다 송곳, 송곳보다 바늘

원론적으로 가장 이상적인 STP전략은 STP하지 않는 것이지만 그것이 불가능한 이유는 '자원의 한정성' 때문입니다. 활용할 수 있는 자원이 무한하다면 굳이 시장을 나누고 쪼개서 선택과 집중을 할 필요가 없습니다. 또한 의사결정을 할 필요도 없고 마케팅을 할 필요도 없을 것입니다. 경영은 의사결정의 예술입니다. 의사결정은 무언가를 선택하는 것이 아니라, 포기하는 것을 의미합니다. STP도 마찬가지입니다. STP 역시 본질적으로 고객과 시장을 선택해서 추가하는 개념이 아니라, 포기하고 버려야 할 고객과 시장을 선택하는 것입니다. 자원은 분명히 한정되어 있습니다. 자원의 관점에서 경쟁자와 똑같이 한정되어 있는 자원을 통해 경쟁우위를 차지하려면 가지고 있는 자원을 한정되고 좁은 영역에 집중시켜야 합니다. 한정되고 좁은 영역에서는 경쟁사가 모방하기 어렵고 희소한 자원을 토대로 진입장벽을 만들어 차별화해야 합니다.

소비자들의 마음속에 자리 잡고 있는 경쟁자들을 밀어내고 그 속에서 자리를 잡으려면 날카로워야 합니다. 아무리 소비자의 마음을 주먹으로 강하게 두드려도 경쟁자들을 뚫고 고객의 마음속에 들어갈 수 없습니다. 하지만 끝이 날카로운 바늘로 찌른다면 어떨까요? 비록 작은 구멍과 공간이긴 하지만 고객의 마음속에 자리 잡기가 더 쉬울 것입니다. 먼저 작은 구멍과 공간이 생기면 주먹만큼의 구멍과 공간으로 확장하는 것은 어렵지 않습니다.

포지셔닝은 고객의 마음이라는 가상의 개념적인 위치를 뜻합니다. 고객의 마음에 작은 구멍을 내어 하나의 점을 찍는 것입니다. 그리고 고객의 마음속에 자리한 포지셔닝은 자사에게 유리하고 독특하며 차별적인 가치를 연상시키는 것이어야 합니다. 차별적인 가치란 동일한 속성을 기준으로는 더 나은 점을 연상시키고, 이질적인 속성을 기준으로는 다른 점으로 연상시키는 것입니다. 포지셔닝에 관해 집중적으로 다루고 있는 좋은 책들이 많기 때문에 여기에서는 간단하게만 이야기하겠습니다. 먼저 가장 일반적이고 쉬운 포지셔닝 사례로 시작해볼까요?

벤츠, BMW, 볼보, 아우디.

여러분은 위의 브랜드를 생각할 때 어떤 이미지가 떠오르시나요? 지금 떠오르는 그 이미지와 단어가 바로 여러분들에게 인지되어 있는 브랜드의 포지셔닝입니다. 만약 벤츠는 럭셔리와 성공이라는 단어, BMW는 운전의 재미, 볼보는 안전, 아우디는 콰트로라는 단어가 떠오른다면 해당 회사의 브랜드는 성공적으로 포지셔닝된 것입니다. 이들이 의도한 포지셔닝이 바로 그것이기 때문입니다. 이들의 포지셔닝에는 한 가지 공통점이 있습니다. 바로 고객에게 편익을 연상시킨다는 것입니다. 브랜드를 떠올렸을 때 바로 연상되는 한 단어, 바로 그 단어를 결정하고 고객의 마음속에 위치시키는 것이 바로 포지셔닝 전략입니다. 그런데 주의할 점은 일단 한번 포지셔닝된 인식은 좀처럼 쉽게 바뀌지 않는다는 것입니다. 각 지역을 대표하는 음식들이 있습니나. 춘천, 천안, 가평, 강원도, 징충동, 안동, 횡성, 신당동… 어떤 먹거리들이 떠오르나요? 사람에 따라 다를 수도 있겠지만 일반적으로 춘천=닭갈비, 천안=호두과자, 가평=잣, 강원도=옥수수·감자, 장충동=족발, 안동=찜닭, 횡성=한우, 신당동=떡볶이 등을 떠올릴 것입니다. 이렇듯 무심코 떠올리는 음식이 바로 지역을 대표하는 음식에 대한 포지셔닝입니다. 예를 들어 광우병 파동이 일어난 경우를 생각해봅시다. 그래서 횡성이라고 하면 떠오르는 음식을 한우가 아닌 닭갈비로 재포지셔닝하고자 한다면 어떨까요? 불가능하다고 단정할 수는 없겠지만, 정답에 가까운 결과는 예측할 수 있겠죠? 이렇듯 한번 고객의 마음속에 위치한 포지셔닝은 쉽게 바뀌지 않습니다.

포지셔닝은 사람의 첫인상과 같습니다. 어떤 사람의 말투, 분위기, 외모와 같은 정보에 의해 형성된 첫인상의 이미지는 쉽게 바뀌지 않을 것입니다. 그리고 여러분에 대한 주변의 평가는 어떤가요? 이미 다른 사람에게 인식되어 있는 여러분들에 대한 평가를 스스로 바꾸는 일이 쉬울까요? 마케팅에서 포지셔닝이라는 것은 사람으로 치면 그 사람의 성격(코드)을 드러내는 일입니다. 또 성격이라는 것이 누구와는 맞고 누구와는 맞지 않을 수도 있습니다. 자신의 성격을 명확하게 드러내면 나를 더 좋아하는 사람과 또는 그렇지 않은 사람들이 생기게 마련입니다. 적어도 마케팅 포지셔닝에서는 성격을 분명하게 드러내는 것이 좋습니다. 마케팅 포지셔닝에서 중요한 원칙을 압축적으로 제시하는 말이 있습니다.

"모두를 위한 것은 누구를 위한 것도 아니다."

포지셔닝은 모두가 무심하게 좋다고 이야기하는 무난한 성격보다, 차라리 몇몇 사람들은 열광하고, 몇몇 사람은 나와는 맞지 않는다고 말하는 편이 낫습니다. 이를 위해서는 뭔가를 계속 포장하는 것이 아니라, 불필요한 포장을 벗겨내고 자신의 성격을 그대로 드러낼 수 있도록 해야 합니다. 이렇게 본질적인 가치와 성격을 심플하게 보일 수 있도록 하는 것이 포지셔닝을 위해 마케팅이 해야 하는 역할입니다.

■ 이미 존재하는 내면의 답

우리가 원하는 것은 차별화된 포지셔닝입니다. 그렇다면 차별화된 포지셔닝에 접근하기 위해 무엇이 필요할까요? 바로 관심과 사랑입니다. 하지만 고객에 대한 관심과 사랑보다 자기 자신에 대한 관심과 사랑이 우선되어야 입니다. 차별화된 포지셔닝, 마케팅 전략에 대한 고민을 하다보면 고객을 생각하지 않을 수 없습니다. 저 역시 고객지향적인 생각과 전략의 중요성을 언급했습니다. 여기서 조금만 더 생각해볼까요? 무언가를 지향한다는 것은 무엇을 의미할까요? 지향이란 일종의 방향입니다. 어느 쪽으로 향하는 것이죠. 그런데 어느 쪽으로 향한다는 말의 의미가 제대로 성립하려면, 본질적으로 더 중요한 것은 지금 내가 어느 위치에 서있는지를 알아야 합니다. 지금 내가 서있는 위치에 따라 같은 목적지라도 나아갈 방향은 완전히 달라질 수 있습니다.

진정한 고객지향을 위해서는 고객을 보기 전에 먼저 자기 자신을 보는 것이 중요합니다. 고객이라는 외부의 존재 이전에 나 스스로도 다른 누군가의 고객입니다. 그렇다면 다른 누군가는 나의 필요, 그리고 욕구와 욕망을 지향하려고 하겠죠? 초점을 자기 자신이 가지고 있는 욕구와 욕망에 관한 문제에 집중시키세요. 내가 가지고 있는 문제를 똑같이 느끼는 사람은 반드시 존재합니다. 내가 좋아하는 것을 똑같이 좋아하는 사람은 반드시 있으며, 내가 싫어하는 것을 똑같이 싫어하는 사람도 분명히 존재하기 마련입니다.

"당신을 그대로 드러낸다면, 그것이 바로 독창성이다."

- 마크 뉴슨 -

고객들이 열광하는 차별화된 포지셔닝의 답은 결국 내가 열광하고 있는 것이 무엇인지에 답이 있습니다. 이미 스스로 답을 가지고 있는 것을 계속해서 외부에서 찾으려고 하니 아무리 이런저런 분석을 해봐도 찾아내기가 쉽지 않습니다. 타인의 답을 검색하지 말고, 스스로에 대해 사색하세요. 차별화된 포지셔닝의 답은 애써 찾는 것이 아닙니다. 단순히 나에게 이미 존재하는 것을 발견하면 되는 것입니다. 그런데 만약 여러분이 현재 하고 있는 일이 자기 자신에게서 답을 찾을 수 없는 일이라면, 그것은 여러분이 그 일에 맞지 않는 것이 아니라, 그 일이 여러분에게 맞지 않는 것입니다. 찾고 있는 답의 본질적인 열쇠가 외부에 존재하고 있다면 뭔가 잘못되고 있는 것입니다. 문제 해결의 열쇠를 다른 누군가에게 넘겨주지 마세요. 이미 당신은 그 열쇠와 답을 가지고 있습니다.

■ 위대함을 여는 열쇠, 단순함

처음부터 지금까지 단순함의 중요성을 이야기했습니다. 의사결정에서 중요한 것은 무언가를 더하는 것이 아니라 포기하고 제외시키는 것이라는 이야기, 고객 편에서 중요한 고객과 버려야 할 고객을 차별하라는 것, IMC 전략에서 일관성, 바늘과 같은 포지셔닝, 마케팅은 포장하는 것이 아니라 전달하고자 하는 본연의 가치를 그대로 드러내는 것이라는 이야기는 모두 단순함과 연결되어 있습니다.

파블로 피카소 《황소 연작》 (자료 : google 검색 및 편집)

그림은 피카소의 《황소 연작》 이라는 작품입니다. 여러분은 여기에서 무엇을 보고 계신가요? 수많은 피카소의 황소 그림 중에 무엇이 피카소를 위대하게 만드는 황소였을까요? 여기에서는 소의 구상과 추상, 모더니즘과 입체주의 같은 개념들을 모두 제외하고 그림 자체만 보도록 하겠습니다. 피카소는 맨 처음 황소의 모습을 자세하게 묘사했습니다. 누가 봐도 황소입니다. 저 황소 그림만으로도 그림을 잘 그린다는 생각이 들긴 합니다. 하지만 반대로 이런 생각을 할 수도 있습니다. '황소를 황소의 모습 그대로 그리는 것은 화가라면 누구나 다 그릴 수 있지 않을까?'

피카소는 황소의 모습을 조금씩 단순하게 표현하기 시작합니다. 부피감을 덜어내고 외곽선만 남겼다가, 삼각형 등의 도형으로 표현하기도 합니다. 다시 도형의 수를 줄이고 황소의 비례에 변형을 가하고 몸통의 명암을 단조롭게 표현하기도 합니다. 그리고 선의 굵기를 몇 가지로 통일하고, 몇몇 선을 없애며 명암을 아예 빼버립니다. 마지막으로 몇 개의 선만을 남기고 머리의 특성과 전체적인 비율, 그리고 형태만을 남겨놓았습니다.

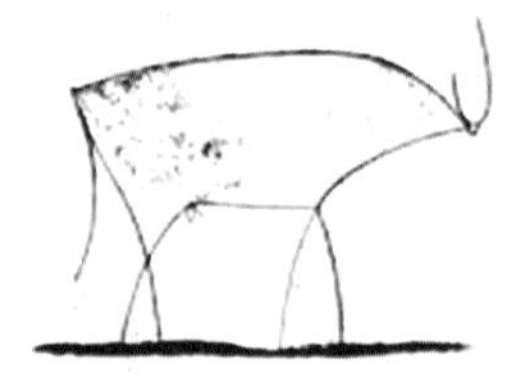

파블로 피카소 《황소 연작》 (자료 : google 검색 및 편집)

두 그림 모두 피카소가 그린 황소입니다. 하나는 황소의 모든 것을 담아내었고, 하나는 단순한 몇 개의 선으로 황소의 본질을 표현했습니다. 마지막에 그린 황소는 왠지 어린아이라도 쉽게 따라 그릴 수 있을 것 같습니다. 하지만 우리가 피카소를 기억하는 이유는, 그가 눈에 보이는 사물의 형태를 잘 표현하는 것을 넘어 사물의 본질을 고민하고 표현하려고 했기 때문입니다. 단순히 그림을 잘 그리기 때문만이 아닌 것입니다. 황소의 형태를 있는 그대로의 형태로 그리는 것은 그림을 그리는 '기술'만 있으면 누구나 쉽게 모방할 수 있습니다. 하지만 황소의 본질을 그림으로 옮기는 일은 기술뿐만 아니라, 끊임없는 고민과 사색을 기반으로 한 철학과 예술의 영역입니다.

SNS, 그로스 해킹 등의 테크닉과 CRM, 데이터라는 기술 관점의 마케팅은 누구나 조금만 연습하면 쉽게 모방할 수 있는 황소그림입니다. 여러분의 마케팅과 포지셔닝이 황소의 생김새를 구구절절 설명하려 하고 있다면, 먼저 업의 본질을 고민하시기 바랍니다.

"우리는 공장에서 제품을 만든다, 하지만 매장에서는 희망을 판다."

화장품 회사 레브론의 창업자 찰스 레브슨Charles Revson의 말입니다. 이 말은 화장품 분야에서의 업의 본질을 잘 나타내주는 말입니다. 또 지금 하고 있는 일이 과연 무엇을 위한 일인지, 누구에게 어떤 가치를 전달하고자 하는 일인지, 나는 지금 왜 이 일을 하고 있는지, 이 같은 고민을 통해 복잡하게 얽혀있는 비즈니스의 복잡성을 본질적으로 단순하게 풀어보면 어떨까요? 공학적 기술에 예술적 철학을 더하세요. 아마 몇 개의 본질적인 선을 제외한 나머지의 불필요한 선과 명암이 눈에 거슬릴지도 모릅니다.

■ 브랜드, 진실의 순간

크리넥스, 포스트잇, 바세린, 버버리코트, 폴라로이드, 스카치테이프... 가장 강력한 포지셔닝의 증거는 무엇일까요? 그것은 바로 위와 같이 브랜드명이라는 고유명사가 소비자들에게 보통명사처럼 사용되는 것입니다. 브랜드 자체가 상품의 카테고리인 것입니다. 세상의 모든 브랜드는 고유명사가 아니라 보통명사로 소비자들에게 인식되고 싶어 합니다. 보통명사로 사용될 만큼 강력한 포지셔닝을 갖춘 브랜드가 되기 위해서는 역사성, 즉 오랜 시간이 필요합니다. 하지만 대부분의 브랜드가 끝까지 살아남지 못하고 망가지는 이유는 통시적인 관점에서 긴 호흡을 유지해야 할 브랜드가, 단기간 성과라는 가치로 분절되어 공시적 관점으로 다루어지고 있기 때문입니다.

순간의 충동과 이익 앞에서 브랜드의 핵심적인 가치를 지켜내지 못하는 것입니다. 핵심적인 가치를 지켜내지 못하는 브랜드는 그나마 다행입니다. 스스로도 자사 브랜드의 핵심적인 가치가 무엇인지조차 모르고 있는 곳들이 부지기수이기 때문입니다. 무엇을 지켜야 하는지 모르는 상태에서 오랜 시간 무언가를 지킨다는 것은 말이 되지 않습니다. 핵심적인 가치와 철학이 부재한 브랜드에는 예외 조항이 참 많습니다. 눈앞에 이익이 있다면 이것도 좋고, 저것도 좋습니다. 브랜드가 맞이하는 진실의 순간은 브랜드의 가치, 철학, 사명과 회사의 이익이 일치했을 때가 아닙니다. 오히려 그 두 가지 요소가 충돌했을 때입니다. 이 순간은 차별화 브랜드와 그렇지 않은 브랜드를 아주 손쉽게 구별할 수 있게 해주는 시금석 역할을 합니다.

역설적으로 브랜드의 이념과 현실의 이념이 충돌하는 이 순간은 브랜드 차별화를 위한 절호의 기회입니다. 우리가 누구인지, 어떤 철학을 가지고 있는지 고객들의 마음속에 각인시킬 수 있는 몇 안 되는 기회의 순간인 것이죠. 그런데 안타깝게도 차별화되지 못하는 많은 브랜드들은 고객들의 마음보다는 지갑에 관심이 많은 것 같습니다. 하지만 기억하세요.

"차별화는 무언가를 희생한 대가이지,
무언가를 더해서 얻는 부산물이 아닙니다."

버버리 = 트렌치 코트 (자료 : Burberry Website)

버버리코트는 트렌치코트의 다른 이름입니다. 어쩌면 트렌치코트라는 단어보다 버버리코트라는 말이 우리가 떠올리는 코트의 디자인과 느낌을 더 잘 전달하고 있는지도 모릅니다. 이렇게 한 회사를 대표하는 브랜드를 아이코닉Iconic 브랜드라고 하는데, 이는 그 자체가 회사의 선략이자, 핵심역랑입니다. 애초에 그것을 회사에서 의도했든 아니든 그것은 중요하지 않습니다. 정말 중요한 것은 고객이 브랜드를 어떻게 정의하고 있느냐 하는 것입니다.

이런 점에서 버버리의 코트는 버버리의 전략이자 핵심역량이어야 합니다. 그런데 버버리는 어느 순간부터 자신들의 아이코닉 상품인 버버리코트보다 쉽게 매출을 올릴 수 있는 다른 것들에 눈을 돌리기 시작합니다. 전 세계적인 명품시장 성장에 맞춰 일종의 다각화를 시도한 것이죠. 매출 포트폴리오를 다변화하기 위해 모두를 위한 모든 상품들을 전략의 중심에 놓습니다. 이를 위해 전 세계 지역별로 브랜드 라이센싱을 주고, 매출 비중이 높은 곳에는 그 지역을 위한 별도의 디자인 센터와 생산시설을 두게 됩니다. 그러자 버버리라는 브랜드의 정체성과 상관없이 일관성과 통일성을 잃은 다양한 상품과 디자인이 여기저기서 쏟아져 나왔습니다. 이제 어느 정도 답이 나오시죠? 모두를 위한 모든 상품은 전략이 없는 것이나 마찬가지라는 사실입니다.

결과는 좋지 않았습니다. 2006년을 기준으로 버버리의 아이코닉 상품인 버버리 코트를 비롯한 아우터의 매출비중은 전체 매출의 20%도 채 되지 않았습니다. 결과적으로 버버리라는 브랜드가 가지고 있는 핵심역량을 스스로 무너뜨린 것이었습니다. 예를 들어 맥도날드에서 햄버거보다 5백 원짜리 아이스크림이 더 많이 팔리고 있다면 어떨까요? 더 이상 스타벅스에서 커피향이 나지 않는다면요? 버버리라는 브랜드에서 코트는 맥도날드의 햄버거, 스타벅스의 커피 같은 존재입니다.

무언가 잘못되어가고 있다는 사실을 알아챈 버버리는, 2006년 새로운 CEO(안젤라 아렌츠, 현 애플 수석부사장) 부임 이후 모든 전략의 중심을 '버버리코트'라는 기본과 본질에 집중하기 시작합니다. 여기에 유행과 디지털 트렌드를 더해 버버리의 정체성Identity과 브랜드의 역사성Heritage을 지키면서 동시대의 감각을 놓치지 않으려는 다양한 시도 끝에 브랜드를 다시 정상궤도에 올려놓게 됩니다.

이쯤에서 한번 생각해봅시다. 왜 버버리는 자신들에게 유리하고 독특하며 차별적인 포지셔닝을 제공하는 코트에 집중하지 못했던 것일까요? 정말 중요한 것은 바로 이 지점입니다.

"버버리는 왜 전략의 초점을 잃었던 것일까?"

■ SWOT-가장 위험한 전략, 평균

거의 모든 현장에서 전략을 도출할 때 사용하는 대표적인 매트릭스, 바로 SWOT입니다. SWOT분석은 자사의 내부적인 강점Strength과 약점Weakness, 그리고 외부적 환경에 의한 기회Opportunity와 위협Threat요인을 규정하고 이를 토대로 마케팅 전략을 수립하는 것입니다. 표로 정리하면 다음과 같습니다.

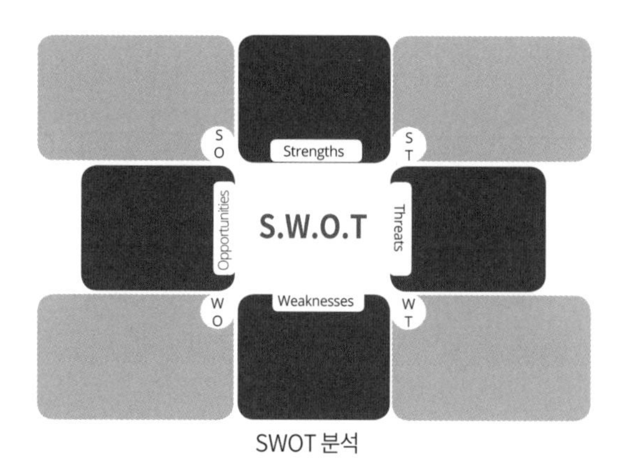

SWOT 분석

강점, 약점, 기회, 위협 요인들을 정리한 뒤, 4가지 요소들을 조합하여 다음과 같이 4가지의 전략을 도출합니다.

SO전략(강점-기회전략) : 기회를 활용하고 강점을 사용하는 전략

ST전략(강점-위협전략) : 위협을 회피하고 강점을 사용하는 전략

WO전략(약점-기회전략) : 약점을 극복하고 기회를 활용하는 전략

WT전략(약점-위협전략) : 위협을 회피하고 약점을 최소화하는 전략

아직 SWOT 분석을 해본 경험이 없다면 지금 바로 매트릭스를 채워보기 바랍니다. 먼저 자사의 강점과 약점, 그리고 외부적인 기회요인과 위협요인들을 채워 넣습니다. 아마 빈칸을 채워 넣다보면 강점에 들어가야 하는 항목인지, 아니면 기회요인에 들어가야 하는 항목인지 애매한 것들이 많을 것입니다. 그럴 때는 통제가능성을 기준으로 판단합니다. 스스로 통제 가능한 것은 강점과 약점 항목에, 스스로 통제할 수 없는 금리, 시장성장률, 소비 트렌드, 정부지원정책 같은 것은 기회와 위협에 작성하면 됩니다.

각 항목들을 다 작성했다면 이제 SO, ST, WO, WT 전략을 도출합니다. 지금 4가지 전략을 고민해보고, 각 항목에 적합한 전략으로 SWOT 분석 매트릭스를 완성합니다. 완성된 다음에는 크게 두 가지 부분에서 어려움을 겪게 됩니다. 첫째, 내부요인(강점·약점)과 외부요인(기회·위협)을 구분하는 것입니다. 둘째, 지금 도출한 전략이 SO, ST, WO, WT 전략 중 어디에 해당되는지 판단하기 모호하다는 것입니다. 첫 번째 문제는 통제가능성이라는 기준을 통해 해답을 내릴 수 있었습니다. 두 번째 문제를 답하기 전에 먼저 이런 질문을 던져보면 어떨까요?

"대체 왜 4가지 전략으로 나누어서 구분해야 하나요?"

이에 대한 대답은 '빈칸이 4개이기 때문'입니다. 매트릭스 모양에 맞춰서 빈칸을 채워 넣다보니 4가지 전략이 나와야만 하는 것이죠. 뭔가 이상하지 않나요? 별 생각 없이 계속 이 작업을 하다보면 어느 순간에는 내 생각을 정리하기 위해 매트릭스를 활용하는 것이 아니라, 매트릭스를 채우기 위해 노력하고 있는 자신을 발견하게 됩니다.

결론적으로 SWOT 분석 페이지를 만들어서 보여주려는 목적이 아니라면, SWOT 분석에 의존하여 전략을 도출한다는 것은 그다지 생산적인 작업이 아닙니다. 단순한 몇 가지 요소에 의해 프레이밍되어 있는 도표에 생각을 끼워 맞추는 행위가 창의적 전략도출에 얼마나 큰 도움을 줄 수 있을까요?

SWOT 분석 자체가 불필요하다는 것은 아닙니다. 하지만 너무나도 많은 사람들이 매트릭스의 빈칸에 집착하고 있다는 것이 문제입니다. 중요한 것은 실질적인 활용입니다. SWOT 분석을 해야 한다면 강점과 기회를 극대화 시키는 SO 전략, 그리고 약점과 위협요인을 희석할 수 있는 WT 전략이면 충분합니다. 나머지 부분은 과감하게 버려도 좋습니다.

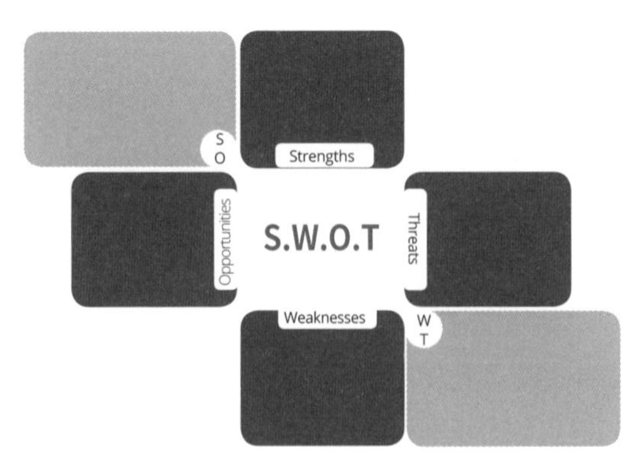

SO 전략, WT 전략만 남기고 버려라

SO 전략과 WT 전략 중에서도 우선순위가 있습니다. 가능하다면 WT 전략도 머릿속에서 지워버려야 합니다. 의사결정과 트레이드오프, 기억하시죠? 좋은 전략의 핵심은 바로 여러분이 가지고 있는 강점과 기회요인을 극대화할 수 있는 방향으로 모든 역량을 집중하는 것입니다. 누군가를 사랑할 때, 단 한 번이라도 사랑하는 대상의 단점이 비교적 적다는 이유로 사랑해보신 적이 있나요? 단점이 상대적으로 적은, 덜 나쁜 상품으로 서비스로 고객을 사랑에 빠지게 만들 수 있을까요?

차별화된 상품은 평균에서 벗어나야 합니다. 덜 나쁜 상품이 아니라, 어떤 특정한 면에서 엄청나게 놀라운 상품을 제공하는 데 집중하세요. 성공은 결코 무난함과 그저 그런 정규분포의 중앙값에 존재하지 않습니다.

하지만 SWOT 분석은 매트릭스가 가지고 있는 속성과 프레임 자체가 평범한 전략을 지향할 수밖에 없도록 프로그래밍되어 있습니다. 한정된 자원을 강점, 약점, 기회, 위협으로 분류한 4가지 전략에 맞춰 각각의 영역을 평균적인 수준으로 맞추도록 결론이 나는 것이죠. 하지만 이러한 식의 산술평균적인 전략으로는 동일화의 영역에서 절대 벗어날 수 없게 됩니다.

SWOT 분석의 항목별 기준도 생각해봐야 할 문제입니다. 강점과 약점, 과연 이 강점과 약점은 무엇을 기준으로 나누게 되는 것일까요? 바로 경쟁사입니다. 강점과 약점에는 다음과 같은 말이 생략되어 있습니다.

"(경쟁사 대비) 강점, (경쟁사 대비) 약점"

경쟁사와 비교한 우리의 상대적 강점과 약점이 전략적으로 중요할까요? 만약 마케팅 전략의 목적이 경쟁사를 이기는 것이라면 SWOT 분석과 이를 통한 전략이 효과적일 것입니다. 한번 곰곰이 생각해보세요.

"경쟁사를 이기는 것이 마케팅의 목표가 될 수 있을까요?"

물론 경쟁사를 이기는 것이 표면적인 현상을 증명하는 하나의 지표가 될 수 있습니다. 하지만 경쟁사 자체가 본질적인 목표가 된다면 마케팅의 출발점과 목적지가 완전히 달라집니다. SWOT라는 틀에 생각을 끼워넣지 마세요. 사실 누가 하더라도 비슷한 결과물이 나올 수밖에 없도록 이미 세팅이 되어있는 매트릭스입니다. 사실 대부분의 전략 매트릭스가 그렇습니다. 이런 유의 것들을 깊이 공부하느라 지나치게 많은 에너지를 쏟지 마시길 바랍니다.

애플의 스티브 잡스, 테슬라의 앨론 머스크, 아마존의 제프 메조스, 페이스북의 마크 주커버그. 과연 이들이 전략을 도출할 때 이런 식의 빈칸 채우기를 하고 있을까요? 아니면 다양한 분야의 책을 읽으며 사색과 토론을 하고 있을까요?

생각을 특정한 프레임 안에 가두기보다 자유롭게 토론하고 상상하세요. 틀이나 형식에 구애받지 않는 생각과 토론의 자유가 먼저입니다. 이것이 우선순위입니다. 그리고 결과물을 간단히 정리하는 용도로 가볍게 이용하는 것이 좋습니다. 만약 그래도 경쟁사 중심의 전략이 유효하다는 생각이 든다면 다음 장의 질문에 대해 고민해볼 필요가 있습니다.

■ 당신은 당신의 경쟁자가 누구인지 알고 계십니까?

아마 많은 분들이 자신 있게 경쟁자의 존재를 잘 알고 있다고 대답할 것입니다. 하지만 사실 지금 여러분이 알고 있는 경쟁자는 진짜 여러분들의 비즈니스를 위협하는 경쟁자들이 아닐 가능성이 큽니다. 이미 인지하고 있는 리스크는 리스크가 아닌 것과 마찬가지입니다. 코닥이 경쟁자로 생각했던 곳은 필름 회사들이었습니다. 노키아가 경쟁자로 생각했던 곳은 기존의 핸드폰 제조사들이었습니다. 아이리버가 경쟁자로 삼았던 곳은 MP3 제조업체였습니다. 그러나 이들은 기존에 예상했던 경쟁자가 아니라, 전혀 예측하지 못했던 새로운 경쟁자들에 의해 몰락하게 되었습니다.

물론 지금 언급한 회사들이 몰락한 이유에 대해서는 핵심역량에 대한 과도한 몰입이 빚어낸 의사결정 경직성과 이로 인한 자기 파괴적 혁신에 소홀했다는 점을 들 수도 있습니다. 하지만 근본적으로 이들이 경직된 의사결정을 할 수 밖에 없었던 것은 전략의 초점이 바로 기존의 경쟁자에 머물러 있었기 때문입니다.

이렇게 기존 경쟁자를 중심으로 전략을 수립하여 스스로를 위험에 빠뜨리는 현상을 마케팅 근시안Marketing myopia이라는 용어로 정리한 학자가 있습니다. 테오도어 레빗Theodore Levitt은 1975년 하버드 비즈니스 리뷰에 마케팅 근시안이라는 논문을 발표합니다. 이 논문은 당시 1970년대 미국 철도사업이 경쟁자를 협소하게 정의하고 안일한 전략으로 대응하여 파산위기에 몰렸던 사례를 통해 기존 경쟁자 중심 전략의 한계를 언급하고 있습니다.

이와 반대로 나이키의 경쟁자가 닌텐도가 될 수도 있다는 말로 경쟁의 새로운 관점을 제시하는 주장도 있었습니다. 경쟁사를 산업 카테고리가 아닌, 고객의 라이프 스타일과 시간 점유율의 개념으로 설명하고 있습니다. 이 밖에 경쟁에 대한 개념을 초경쟁Hypercompetition이라는 용어로 설명하고 있는 리처드 나베니Richard D'Aveni 교수가 있습니다. 초경쟁은 갈수록 산업 간의 경계가 무의미해지고 경쟁의 개념도 광범위해지면서 경쟁우위의 지속기간이 짧아지고 있는 것을 말합니다. 이런 현상에 대응하기 위해서 스스로 자신의 상품을 파괴하고 혁신해야 한다는 것입니다. 자신의 상품이 차지하고 있는 주류시장을 스스로 잠식시키는 카니발리제이션Cannibalization도 파괴적 혁신의 일종입니다.

"외부 변화가 내부 변화보다 크다면 최후가 가까워진 것이다."

- 잭 웰치 -

지금까지 언급한 경쟁의 다양한 개념과 해석은 저마다 주장이 조금씩 다르지만 한 가지의 동일한 맥락을 가지고 있습니다.

"당신을 위협하는 진짜 경쟁자가 누군지, 당신은 모른다."

사실 기존에는 경쟁자 중심의 전략은 당연하게 여겨져 왔던 내용이었습니다. 그렇기 때문에 기존 산업을 중심으로 경쟁을 정의하는 마이클 포터 교수의 산업구조분석모형 5 Forces model도 정설로 받아들여져 왔습니다. 하지만 산업 간의 경계가 불분명해지면서 경쟁의 개념이 완전히 달라지고 있습니다. 예를 들어 이마트의 경쟁자는 누구일까요? 네이버의 경쟁자는 누구일까요? 현대자동차의 경쟁자는 누구일까요? 이제는 이런 질문에 쉽게 답하기 어려워졌습니다. 온라인과 오프라인, 그리고 모바일의 경계가 무의미할 정도로 통합되어 가고 있습니다. 이제 오프라인, 온라인 등의 마케팅 채널별로 경쟁을 정의하는 것은 의미가 없습니다. 고객에게 즐거운 쇼핑 경험을 제공하는 모든 곳이 경쟁자인 것이죠. 현대자동차의 경쟁자가 기존의 자동차 회사들일까요? 무인자동차를 개발하는 구글이나, 전기자동차의 테슬라, 또는 자동차의 운영체제와 플랫폼을 개발하는 회사가 될 수도 있습니다. 어쩌면 배터리 기술을 가지고 있는 회사들이 경쟁자가 될 수도 있지 않을까요?

이는 경영·마케팅의 전략적 초점이 경쟁자에게 머물러서는 안 되며, 이제는 더 이상 경쟁의 범위를 예측하는 것이 무의미하다는 것을 뜻합니다. 공유경제와 우버피케이션이라는 신조어를 만들어낸 우버[Uber]는 우리가 일반적으로 핵심자원이라고 인지하고 있던 수송수단이라는 자원을 내재화하지 않고도 산업의 경계와 핵심자산의 고정관념을 허물며 엄청난 성장을 통해 가치를 극대화하고 있습니다. 구글도 더 이상은 검색엔진 회사가 아니고, 애플은 스마트폰·컴퓨터 회사가 아닙니다. 이제 이들은 산업 간의 경계를 퇴색시키고, 기존 산업을 붕괴시키며, 심지어는 자신들의 비즈니스마저 스스로 파괴하며 자기잠식과 파괴적 혁신도 마다하지 않고 있습니다.

이제는 업의 본질, 핵심역량, 경쟁우위 등의 경영의 모든 것들을 다시 고민하고 검토해봐야 합니다. 지금까지 우리가 정의내린 업의 본질, 핵심역량, 경쟁우위 등의 기준이 모두 경쟁사를 기준으로 정의한 개념이기 때문입니다. 경쟁사, 산업분류라는 법률적 기준은 무경계성의 시대에는 맞지 않는 접근입니다. 요즘 흔히 회자되는 핵심역량이 핵심경직성으로 작용할 가능성이 높다는 말도 이런 무경계성을 전제로 합니다.

기업의 핵심역량과 경쟁우위의 원천을 경쟁자를 기준으로 설정하는 것은 성공요인이 실패요인으로 작용할 원인과 기회를 제공하는 것과 마찬가지입니다. 이제는 전략의 관점을 산업 내의 경쟁자가 아닌, 고객에게 유용한 차별적 가치 제안이라는 새로운 틀로 규정하는 것이 바람직합니다. 그리고 경쟁사 대비가 아닌, 고객의 욕구 충족을 위해 필요한 유·무형적 자산의 유효성을 자사의 핵심역량과 경쟁우위의 원천으로 보는 것이 타당합니다.

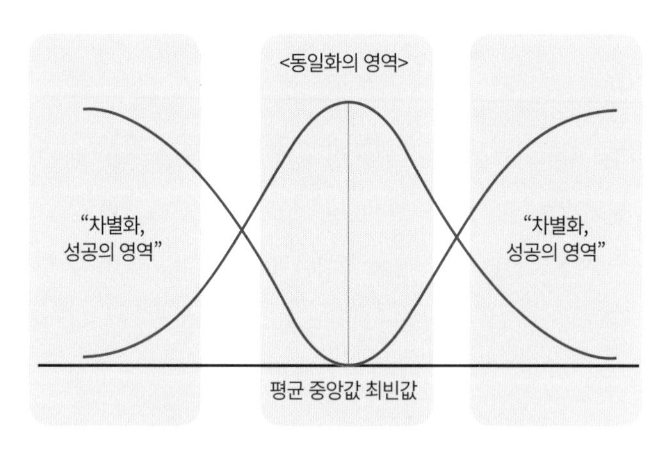

레드오션인 동일화의 영역과 차별화(성공)의 영역

경쟁사 중심의 전략은 결국 동일화의 영역인 레드오션으로 향합니다. 이것은 마치 하나의 결승점을 향하는 100m 달리기와 같습니다. 고객의 욕구와 욕망은 너무나도 다양해서 특정한 패턴과 형태로 정의하기보다는 소수의 고객이 열광할 수 있는 상품과 서비스를 제공하는 것이 중요합니다. 이 사실은 이제 더 이상 하나의 결승점을 향해 소모적인 경쟁을 지속할 필요가 없다는 것을 의미합니다. 이제 결승점은 하나가 아닙니다. 굳이 모두가 한 방향으로 달려 1등과 2등을 가리지 않아도 됩니다. 각자가 가는 차별화의 방향에 각자의 결승점이 존재합니다. 애써 노력해가며 경쟁사와 같은 방향으로 달리려고 하지마세요.

이제는 기존 경쟁에 집중하지 말고, 고객문제에 집착해야 할 때입니다. 다시 '가치'라는 본질로 돌아가는 것입니다. 이것은 사실 너무나도 기본적이고 상식적인 이야기입니다. 비즈니스는 고객문제를 해결했을 때 비로소 성립합니다. 하지만 시간이 지나면 고객지향으로 시작한 비즈니스가 갑자기 경쟁이라는 프레임에 매몰되어 경쟁자를 중심으로 움직이게 됩니다. 그러다보니 전략도 경쟁사를 닮아가게 되는 결과를 초래합니다. 어느새 차별화가 아닌 동일화를 위해 열심히 달려가고 있는 것입니다.

차별화는 강점에서 비롯됩니다. 포지셔닝과 마찬가지로 더 날카롭고, 더 강력한 장점을 기반으로 한 차별화만이 고객의 마음에 자리 잡을 수 있는 것이죠. 이를 위해서는 문제가 아닌 기회에 초점을 맞추는 사고방식이 중요합니다. 예를 들어 문제에 초점을 맞추고 있는 조직이라면 유능한 인재를 문제가 있는 곳에 배치할 것입니다. 하지만 기회에 초점을 맞추고 있는 조직이라면 사업의 기회가 있는 곳에 유능한 인재들을 배치하겠죠. 여러분은 지금 어떻습니까? 문제 자체를 이야기 하고 있는 조직인가요, 아니면 방법과 기회를 고민하는 조직인가요?

지금 가지고 있는 강점과 기회에 집중하세요. 그것만으로 충분합니다.

"독창성은 타인과의 비교가 종료되는 지점에서 시작된다."

- 칼 라거펠트 -

홈쇼핑의 경쟁자들

TV 홈쇼핑에는 몇 가지 특징이 있습니다. 기본적으로 홈쇼핑은 실시간 방송 판매와 재핑에 의한 채널의 위치 싸움을 전제로 하는 시간과 공간의 비즈니스입니다. 그런데 최근 올레 TV, 넷플릭스 등의 방송 미디어 플랫폼들이 콘텐츠를 큐레이션하고 다시보기와 같은 스트리밍 서비스를 제공하면서 기존 TV 홈쇼핑 비즈니스 자체를 본원적으로 무력화시키는 일종의 혁신이 일어나고 있습니다. TV가 아닌 PC, 스마트폰을 이용해 미디어 콘텐츠를 소비하는 모습은 더 이상 낯설지 않습니다. 앞으로도 TV가 가지고 있는 권력은 꾸준히 약화될 것입니다.

홈쇼핑 사업자들이 마케팅 전략측면에서 고민하고 있는 지점이 바로 여기에 있습니다. TV 홈쇼핑 비즈니스의 특성상 제한된 시간 내에 판매를 할 수 있는 매출액은 이미 어느 정도 그 상한선이 정해져 있습니다(적어도 현 방식대로의 기하급수적인 성장은 물리적 시간의 제약으로 불가능합니다). 시장 포화 상태인 TV 홈쇼핑이라는 프레임 안에서는 수확체감으로 더 이상 성장의 모멘텀을 찾기가 어렵게 된 것입니다.

이제 홈쇼핑 사업자들이 선택할 수 있는 대안은 그다지 많지 않습니다. 기존 TV 홈쇼핑 비즈니스는 관리 경영을 목표로 반품을 줄이는 데 초점을 맞추고, 구조조정을 통한 다운사이징으로 효율과 조직 유연성을 확보해야 합니다. 그리고 단계적으로 TV 홈쇼핑이 가지고 있는 브랜드 자산과 채널의 이점을 각자가 가지고 있는 계열사 자산으로 편입시키는 레버리지 전략이 사실상 거의 유일한 방법일 것입니다.

이런 상황에서 홈쇼핑 업체들은 당연히 자사가 가지고 있는 강점을 기반으로 옴니채널 전략과 O2O를 홈쇼핑에 자연스럽게 녹여내기 위해 고민하고 있을 것입니다. CJ는 MCN과 문화콘텐츠, 현대는 오프라인과 온라인의 유통채널, 롯데도 역시 막강한 오프라인 채널을 최대한 활용하는 방향으로 전개되지 않을까요?

결국 누가 TV 홈쇼핑과 모바일, 온·오프라인 채널을 유기적으로 잘 통합하고, 나아가 IOT 등의 흐름에 편승하여 독특하고 차별적인 쇼핑경험을 제공할 수 있는지가 TV 홈쇼핑 전략의 핵심이 될 것입니다. 지금까지 홈쇼핑 업체들은 사업자 간 최소한의 구별이 가능한 정도의 차별화와 고객가치 제안을 보여주지 못했기 때문에 앞으로 일어날 혁신의 폭도 급진적으로 이루어질 가능성이 매우 큽니다. 급진적이고 파괴적인 혁신의 출발점은 가장 먼저 '홈쇼핑은 상품을 판매 하는 곳'이라는 자기규정을 초월하는 것입니다. 그리고 이런 뉴노멀 패러다임을 수용할 수 있는 조직문화를 가진 TV 홈쇼핑 사업자가 미래 쇼핑 콘텐츠 사업의 주도권을 가져가게 될 것입니다.

사실 홈쇼핑의 잠재적인 경쟁자는 홈쇼핑 산업의 영역이 아닌 다른 곳에 존재합니다. 유튜브나 아프리카TV, 페이스북, 카카오 등의 사업자들이 자사의 동영상 플랫폼을 이용해 시간에 구애받지 않는 동영상 버전의 이베이(옥션, 지마켓) 비즈니스 모델을 구축한다면 어떨까요? 최근 MCN 등의 개인채널 영향력 확대와 동영상을 다루는 경제적·기술적 진입장벽이 낮아지고 있는 추세를 감안하면, 잠재적 경쟁자들의 혁신으로 인한 시장잠식이 현실적으로 가능한 상황인 것 같습니다.

■ 왜 자꾸 동일화를 향하게 될까?

서양철학은 A/B 테스트와 같은 대립적 시각의 구조적 접근방식으로 사유합니다. 하지만 동양철학은 A와 B사이의 컨텍스트(연관관계), 요즘 말로하면 썸에 대한 관심이 많은 것 같습니다. 서양철학이 아리스토텔레스의 논리학을 바탕으로 참과 거짓에 대한 판별, 그리고 하늘과 땅, 흑과 백, 너와 나를 기준으로 하는 이분법적 세계관으로 구성되어 있다면, 동양의 철학은 그들 사이의 관계성에 초점을 맞춥니다. 내 것인 듯 내 것 아닌 내 것 같은 상황을 고민해 볼 수 있는 여지를 제공하는 사유방식이 동양 철학인 셈입니다.

철저하게 서양의 학문인 경영학도 이와 크게 다르지 않습니다. 기업과 소비자, 산업의 환경이 합리적으로 이해 가능한 세계라는 기본적인 전제를 가지고 시작합니다. 하지만 인간과 세계는 결코 이성적인 존재가 아니며, 심지어 감정적이고 본능적인 존재에 가깝습니다.

미국식 경영학은 이를 세부적으로 분해하고 쪼개어 구조론적 관점에서 해부하려고 합니다. 이는 마치 사랑에 빠진 남녀를 두고 사랑에 빠진 이유를 분석하기 위해 가능한 많은 표본을 가지고 커플들의 키, 몸무게 등의 데이터를 통계적으로 분석하는 것입니다. 이 결과를 바탕으로 이 남녀가 사랑에 빠질 확률을 계산하고 사랑에 빠지게 된 이유를 요소별로 설명하려는 것이죠.

물론 위와 같은 접근방식은 표면적인 현상을 검증하는 데 유용할 수 있습니다. 하지만 내면에 응집한 정서적인 동기와 특수성이 배제되어 모든 현상을 획일화시킵니다. 이런 이유로 서양철학을 기반으로 하는 경영학에는 컨텍스트적인 요소가 결여될 수밖에 없습니다. 소위 말하는 경험에서 발현되는 뉘앙스와 촉과 같은 무형의 감각들을 받아들이기에 서양의 경영학적 요소는 엄격하고 딱딱하며 융통성이 없다는 느낌이 듭니다.

자연스레 과학적 타당성과 인과관계가 명확한 팩트에 초점을 맞추고 특정한 프레이밍과 몇 가지 유형으로 재단합니다. 동시에 연결고리를 증명할 수 없는 형이상학적인 요소들은 철저하게 배제되어 버립니다. 하지만 경영과 마케팅, 브랜드에 관한 통찰의 본질적인 리소스는 인문학입니다. 경영의 답을 찾고자 아무리 노력해도 실체를 찾지 못하고 그림자만 밟고 있다면, 이는 고객의 문제, 즉 인간의 문제를 인문학이 아니라 인문학의 그림자인 경영학을 통해서 보고 있기 때문입니다.

모든 기업이 차별화를 원한다고 하면서 동일화를 추구하는 전략으로 갈 수밖에 없는 이유가 바로 여기에 있습니다. 유형과 패턴으로 프레이밍되어 있는 세계에서 프레임을 벗어난다는 것은 고립을 의미합니다. 그래서 거의 모든 현장에서 똑같은 방식으로 동일한 매트릭스에 의미 없는 숫자와 글자를 채워 넣는 일로 시간을 때우고 있는 것입니다.

이런 유형과 패턴이 마음속에 이미 정해져있기 때문에 지금 현장에서는 반드시 '당신'이어야 할 이유가 없습니다. 왜냐하면 누가 그 자리에 있더라도 똑같은 공식으로 똑같은 빈칸을 채워나가게 될 것이기 때문입니다.

지금 그 자리가 반드시 '당신'이어야 하는 이유가 있습니까? 이 질문에 쉽게 답하지 못한다면 단지 정해져 있는 빈칸에 뻔한 숫자와 글자를 채워 넣고 있는 일을 하고 있을 가능성이 큽니다. 토마스 아퀴나스는 '어떤 것을 다른 것이 아니라 바로 그것이게 만드는 것'이라는 말로 존재의 본질을 설명했습니다.

치별화는 조직의 아무개가 아닌, 한 사람에게서 시작됩니다. 스스로의 생각이 일정한 틀 안에 갇혀 있다면, 틀에 박힌 결과물이 나오는 것은 당연합니다. 먼저 자신의 이름에 담긴 의미를 되찾으시기 바랍니다.

■ 마케팅 푸시와 정보 비대칭성

저는 만성적인 알레르기성 비염을 앓고 있습니다. 예전 같으면 병원이나 약국에서 얻는 정보에 전적으로 의존했겠지만, 지금은 시중에 나와 있는 책이나 검색, 칼럼 등을 직접 찾아보면서 비염과 관련된 지식들을 쌓고 셀프케어하기도 합니다. 병원이나 약국에서는 증상에 대한 자세한 설명을 해주기보다 수술이나 약을 권했던 경우가 많아서 어쩔 수 없이 자의 반 타의 반으로 공부할 수밖에 없었던 탓도 있고, 또 다양한 전문지식을 습득하기 좋은 시대에 태어난 것도 하나의 이유일 것입니다.

시간이 갈수록 전문지식에 대한 진입장벽이 낮아지고 있습니다. 물론 진입장벽이 낮아진다고 모든 사람들이 전문가 수준의 지식을 습득하는 것은 아닙니다. 하지만 적어도 특정한 이슈에 대한 관여도가 상승하면, 이제는 누구나 전문지식들을 예전보다 쉽게 찾아볼 수 있다는 것이 핵심입니다. 다시 제약업계, 그리고 약사와 약국으로 돌아와 이야기하자면, 고객들은 약사들이 주는 정보와 권하는 대로 구매하는 수동적인 패턴에서 벗어나 능동적으로 자신의 질병과 그에 따른 불편을 해결해줄 솔루션을 스스로 찾고 있습니다. 그리고 이런 스마트한 소비자들은 갈수록 늘어나고 있습니다. 물론 지금까지 이러한 푸시Push 마케팅은 매우 유효했습니다. 그렇기 때문에 제약산업에서 영업조직은 마케팅의 가장 핵심적인 부서이자, 이들의 역량이 제약회사의 핵심역량이라고 봐도 무방할 정도로 큰 비중을 차지하고 있습니다. 물론 B2B를 효과적으로 핸들링하고 장악하는 것은 핵심적인 활동입니다. 하지만 지금까지 마케팅 푸시가 효과성과 효율성을 달성할 수 있었던 전제조건은 바로 '정보비대칭성'입니다.

최종소비자와 공급자 간의 정보 불균형으로 제약회사는 약사들을 상대로, 약사들은 최종소비자를 대상으로 협상력의 우위를 점할 수 있었습니다. 법률산업도 이와 같은 정보 비대칭에 근거한 대표적인 비즈니스 중 하나입니다. 정보 비대칭을 전제로 한 비즈니스는 정보 자체에 대한 진입장벽이 핵심입니다. 하지만 이제 웬만한 정보는 제 아무리 전문적인 정보라 할지라도 쉽게 검색하고 공유하고 찾아볼 수 있게 되었습니다.

지금까지 푸시마케팅으로 약사들에게 약에 대한 가치를 설득했다면, 이제는 이에 더해 풀Pull 마케팅으로 최종소비자도 동시에 만족시켜야 합니다. 그래야만 약사들이 최종소비자를 대상으로 하는 푸시도 효과를 발휘하게 되기 때문입니다. 뿐만 아니라 제약회사의 입장에서는 풀 마케팅을 통해 중간고객인 약사들을 대상으로 협상력 우위를 확보할 수 있습니다. 이외에도 온디맨드On-demand 경제에 발맞춘 IoT, O2O 등의 기술적인 트렌드 등 제약업계의 마케팅 전략이 혁신을 향해야 하는 다양한 이유들이 있지만, 본질적으로는 고객들의 욕구와 욕망을 더 이상 조종할 수 없는 상황이 되었기 때문입니다.

앞으로도 마케팅 푸시에 의존하는 B2B 모델은 점점 더 효율성을 확보하기 어려워질 것입니다. 정보의 통제 권한이 점점 기업에서 최종소비자들로 이동하고 있기 때문입니다. 이전과 같이 상품의 세부적인 스펙 또는 대외비로 취급될 정도의 민감한 정보들도 기업들이 완벽하게 통세하기 어렵게 되었습니다. 단편적인 예로 아이폰의 디자인과 스펙이 출시도 되기 전에 늘 유출이 되고 있는 건 이제 익숙한 일이죠. 이런 정보의 개방성과 투명성은 최종고객들이 기업의 상품과 서비스를 대상으로 협상력의 우위를 차지할 수 있는 핵심적인 역할을 하게 됩니다. 기업보다 그 기업의 상품을 더 잘 아는 고객들을 대상으로 제 아무리 B2B 푸시를 해봐도 아무런 소용이 없기 때문입니다. 또한 이제 웬만한 산업들의 기술과 수준이 상향평준화되었기 때문에 일방적인 푸시보다는 최종소비자들과의 인터랙티브한 커뮤니케이션이 그 어느 때보다 중요해졌습니다.

만약 최종소비자들과 정서적인 공감대를 형성하지 못하고 있다면, 그리고 아직도 예전과 같이 기계적이고 무미건조한 정보전달에 초점을 맞춘 마케팅 전략을 고수하고 있다면, 틀림없이 가격경쟁이라는 프레임의 덫에 빠지게 될 것입니다. 마케팅과 IMC 전략을 정보의 통제 관점, 즉 전달과 도달의 정도에 초점을 맞추게 되면 규모의 경제를 통해 가성비를 획득할 수 있는 기업이 절대적으로 유리한 상황으로 흘러갑니다. 그렇기 때문에 브랜드가 애초부터 표방하는 가치가 원가우위를 기반으로 한 코스트 리더십이 아니라면 정보의 통제보다 정서의 교류라는 관점으로 마케팅 전략을 전환할 필요가 있습니다.

또한 상품의 기능적 차별화가 물리적으로 점점 어려워지고 있습니다. 그렇기 때문에 이제 고객들의 구매결정에 영향을 미치는 항목이 기술과 상품 중심에서 기술 안에 담긴 감성과 철학으로 점점 이동하고 있습니다. 기술에 대한 지불의 향은 비교기준이 명확하게 때문에 사람들은 기왕이면 더 저렴한 가성비 브랜드를 선택합니다. 하지만 감성과 철학에 가치를 매기는 행위는 그 준거점 자체가 명확하지 않기 때문에 이 기준에 따라 움직이는 고객들은 가격에 대한 민감도가 상대적으로 낮고 브랜드 전환을 할 가능성도 낮아지게 되는 것입니다.

거래에 초점을 맞춘 마케팅은 지속가능성을 확보할 수 없습니다. 고객과의 관계, 사회와의 관계, 회사 구성원들과 관계, 오직 관계에 초점을 맞출 때 지속가능한 경영을 할 수 있습니다. 또한 관계에 초점을 맞춘 마케팅이 지속가능한 경영을 위한 본질적인 마케팅입니다.

척추수술을 주로 하는 병원에서 척추수술이 실제로 필요한 경우는 10% 정도밖에 되지 않는다는 사실이 TV를 통해 전파된 적이 있습니다. 그런데 이런 주장을 하고 난 뒤, 결과가 더 흥미롭습니다. 해당 병원이 가장 많은 척추수술을 진행하는 국내 1위의 척추수술 병원이 된 것입니다. 거래보다 관계에 초점을 맞추고 진정성을 기반으로 커뮤니케이션하는 것이 얼마나 중요한 것인지 새삼 확인할 수 있는 사례입니다. 사람과 사람도 마찬가지죠? 먼저 무언가 얻으려고 거래를 시도하면 상대방은 금세 알아차립니다. 진정성을 가지고 관계에 집중하면 이익은 저절로 구해지는 것입니다.

인문학적 마케팅 사고방식

MARKETING THINK

시장 선도자 First mover 와 추격자 Fast follower 전략

최근 기업 전략을 큰 흐름에 틀에서 보자면 두 가지로 구분이 가능합니다. 이른바 시장 선도자와 추격자 전략입니다. 먼저 대표적인 시장 선도자는 우리가 흔히 알고 있는 애플과 스타벅스를 비롯하여 가깝게는 배달의 민족, 롯데백화점, 이마트 등이 있습니다. 시장을 선도하는 이들에게는 공통적인 특징이 있습니다. 대표적인 것이 바로 위험감수 Risk taking 입니다. 시장 선도자들은 기존의 존재하는 산업 영역에서 규모의 경제를 이루기 위한 충분한 자원을 확보하고 있거나, 또는 고객의 숨겨진 욕망을 면밀히 관찰하여 비즈니스의 기회를 포착하는 능력이 탁월합니다. 이들은 공통적으로 새로운 시장을 스스로 개척하기 위한 과감한 투자, 도전을 두려워하지 않는 특징이 있습니다.

1. 시장 선도자는 막강한 브랜드 포지셔닝의 혜택이 있다

시장 선도자에게는 수많은 이점이 있습니다. 마케팅 전략 측면에서는 고객의 마음속에 최초라는 포지셔닝을 확보할 수 있는 엄청난 이점이 있습니다. 또 시장 선도자들은 가격경쟁을 하지 않고 이익을 독식하여 수익성을 극대화시킬 수 있습니다. 물론 초기 시장 개척자의 입장에서 초반에는 침투가격 Penetration pricing 전략으로 수익성 확보에 어려움을 겪는 경우도 있지만, 이는 비용이라기보다는 고객경험 확보를 통해 미래 수익을 극대화시키고 지위를 선점하기 위한 투자라고 보는 것이 더 바람직합니다.

2. 추격자는 빠른 의사결정 구조를 필요로 한다

이에 반해 추격자 전략을 구사하는 대표적인 기업으로는 애플을 빠르게 모방하는 삼성의 모바일사업 분야와 스타벅스를 따라가는 커피전문점 이디야 등이 있습니다. 이들은 전형적인 추격자 전략을 구사하는 곳입니다. 시장 선도자에 비해 추격자가 갖고 있는 전략적 이점도 시장 선도자에 못지않습니다. 예를 들어 추격자는 시장조사를 할 필요가 없습니다. 오히려 추격자가 시장조사에 많은 자원을 할애한다면 이는 정말 바보 같은 전략이라고 할 수 있습니다. 시장 선도자가 먼저 큰 위험을 감수하며 검증한 시장에서 빠르게 그 뒤를 바짝 따라가는 것이 추격자들의 공통된 전략입니다.

추격자는 방금 언급한 시장 검증 및 조사 등의 시간적·경제적 비용을 크게 절감할 수 있습니다. 그렇기 때문에 추격자들에게는 효율적인 의사결정 시스템과 생산·개발 공정 등에서의 빠른 프로세스가 핵심 경쟁력이라고 할 수 있습니다.

3. 'High risk, High return' 리스크 안에 기회가 있다

이렇듯 시장 선도자와 추격자에는 모두 일장일단이 존재합니다. 무엇이 정답이라고 말하기는 어렵지만, 적어도 최근의 흐름을 살펴보면 시장선도자의 이점이 좀 더 두드러지는 현상을 목격할 수 있습니다. 지속가능한 경영이라는 큰 틀에서 보자면 리스크는 피해야 할 요소이지만, 동시에 리스크에는 기회가 존재합니다.

4. 시장 선도자는 본능을 거부한다

리스크라는 말을 들으면 상당수의 사람들은 재무적인 부분을 떠올릴 것입니다. 하지만 인간이 느끼는 위험을 사회학적으로 살펴보면 재무적인 리스크보다는 새로운 환경, 그 자체에서 시장 선도자가 되기 어려운 이유를 살펴보는 것이 타당합니다. 시장을 선도하려면 위험을 감수해야 합니다. 표면적으로는 각종 보고서와 타당성 분석 등을 통해 신사업을 하지 말아야 할 타당한 근거들을 수집해서 리스크를 규정하지만, 그 내면을 살펴보면 리스크를 느끼는 직접적인 동인은 바로 인간의 본능에 있습니다.

인간은 익숙하지 않은 새로운 환경에 노출되는 것을 극도로 싫어합니다. 이것은 인간 진화의 관점에서 살펴보면 당연히 탑재되어야 할 본능적인 휴리스틱입니다. 시장 선도자가 되기 위해서는 이런 본능을 거슬러야 합니다. 아마도 지금의 시장 선도자들이 의사결정 과정에서 혁신을 기반으로 하는 선도자 전략을 택하기까지 수없이 많은 정서적인 불안과 심리적 고통을 겪었을 것입니다.

새로움에 대한 불안과 고통을 감내하고 시장 선도자가 된 이들에게는 지속가능한 경영을 위한, 혹은 영속성을 가진 브랜드 창조의 가능성이라는 선물이 주어집니다. 하지만 시장 선도자의 지위를 유지하는 기간이 짧아지고 있기 때문에 혁신을 위한 의사결정은 항상 현재 진행형이어야 합니다.

"추격자는 이미 시작하기도 전에 진다."

선도자가 되어 시장을 주도해야 기업과 브랜드의 지속 가능성이 극대화됩니다. 하지만 모든 기업들이 시장 선도자가 될 수 없기 때문에 전략적으로 추격자를 선택하는 경우도 있습니다.

삼성의 경우, 빠르게 애플을 따라합니다. 그렇기 때문에 유리한 브랜드 포지셔닝의 기회가 원천적으로 차단되며, 이것은 중장기적 재무적인 지표로 연결됩니다. 단순히 브랜드 포지셔닝의 관점뿐만 아니라, 모바일 생태계와 플랫폼, 소프트웨어 및 하드웨어 등의 다양한 원인들이 삼성의 수익성을 점점 옥죄고 있습니다.

이디야의 경우는 스타벅스가 철저하게 시장조사하고 분석한 결과를 토대로 선정한 입지 전략을 그대로 이용합니다. 따로 시장조사를 하지 않고 그냥 스타벅스 옆으로 입지를 선정하고 상품의 가격을 낮추는 전략을 시행하는 것입니다.

5. 가격보다 가치에 초점을 맞춰라

추격자 비즈니스의 본원적인 한계점은 프리미엄의 지위를 이용한 차별화 전략을 펼칠 수 없다는 점입니다. 흔히 말하는 가성비에 의존하는 이들의 고객은 가격에 굉장히 민감합니다. 고객들의 편익이 가격에 초점이 맞춰져 있다는 것은 결론적으로 낮은 브랜드 충성도를 의미합니다. 이들은 언제든지 좀 더 가성비가 좋은 경쟁자에게 옮겨 갈 준비가 되어 있습니다.

낮은 가격은 일시적인 경쟁우위 확보에는 도움이 되지만, 장기적으로는 반드시 부메랑이 되어 비즈니스의 기반을 위협하는 리스크로 작용할 가능성이 큰 요소입니다. 낮은 가격에 의한 경쟁우위 요소는 아주 특수한 경우가 아니라면 아예 머릿속에서 지워버리는 편이 낫습니다.

여기에 반론을 제기하는 사람들은 아마도 '가격이야말로 본원적인 경쟁우위 역량'이라고 주장하겠지만, 가격보다 '가치야말로 본원적인 경쟁우위 역량'이라는 말로 바꾸어 생각하는 편이 좋습니다. 가격보다 가치에 초점을 두면 전략적 선택의 폭이 넓어지고 유연성을 가지게 됩니다. 그리고 오히려 가격을 비싸게 받을 수 있는 방법을 고민하는 과정에서 퍼스트 무버가 될 수 있는 가치를 포착할 가능성이 높습니다.

6. 시장 선도자의 태도를 지향하라

현재 추격자의 위치에 있다면 리스크를 두려워하지 않는 과감한 의사결정과 조직문화를 만들어 가는 것이 필요합니다. 익숙한 영역을 벗어나 새로운 환경에 도전하는 것은 본능을 거스르는 일이지만, 이제 더 이상 선택이 아닌 필수적인 생존역량이 되었습니다. 현재의 익숙함이라는 영역 안에만 머무르는 사람과 기업에게는 결국 낯설고 적응하기 힘든 미래가 기다리고 있을 것입니다.

지금 이 순간에도 수없이 많은 기업들이 설마 하는 마음으로 안정을 추구하다가 결국 환경에 의해 어쩔 수 없이 변화와 도전, 혁신을 시도하고 있습니다. 눈앞에 닥쳐서야 뒤늦게 새로운 환경에 대응하지 말고 지금부터 조금씩 새로운 환경과 낯선 영역에 적응하는 훈련을 통해 혁신과 도전에 대한 면역적인 거부반응을 지워나가야 합니다.

지금 당신의 비즈니스, 당신의 산업이 리스크를 감수하며 새로운 시도와 도전을 할 필요가 없는 분야라는 이유로 안심하고 있지는 않나요? 그렇기 때문에 안전한 영역에서 꾸준한 수익이 보장될 것이라고 생각한다면 위험합니다. 이미 퍼스트 무버의 지위에 있는 기업이라 할지라도 지속적으로 퍼스트 무버의 태도를 견제해야 합니다. 리스크를 감수하고 끊임없는 혁신과 변화를 추구하는 퍼스트 무버의 태도는 생존을 위한 필수적인 조건입니다.

■ 변하는 것: 왜 변하는 것에 끌리는가?

세상에는 변하는 것과 변하지 않는 것이 있습니다. 보통 수시로 변하는 것들은 눈에 잘 보이고 변화를 직접적으로 체감하는 경우가 많기 때문에 상대적으로 거대하고 중요하게 느껴집니다. 당장 스마트폰과 인공지능, 사물인터넷 등의 IT와 기술의 변화만 보더라도 세상이 얼마나 빠르게 변하고 있는지 실감할 수 있습니다. 곧 전기자동차에 이어 무인자동차의 시대가 열리고, 드론 택배, 영화 아이언맨에서 본 것과 같은 개인 비행수트도 상용화된다고 합니다. 이제 기술의 성장과 변화의 속도를 따라가는 것조차 버거운 시대가 열렸습니다. 우리는 이렇게 하루가 다르게 많은 것들이 빠르게 변하는 시대에 살고 있습니다. 마케팅은 이런 변화의 흐름에 직접적인 영향을 받는 분야입니다. 마케팅 현장에서도 마케팅을 위해 분석해야 할 데이터의 양과 종류가 따라잡기 어려울 만큼 빠르게 늘어나고 있고, 다양한 분석을 위한 툴과 방법은 더욱 정교하고 복잡해졌습니다. 그리고 지금 이 순간에도 세상의 모든 것들은 기하급수적인 속도로 빨라지고 다양해지고 있습니다. 동시에 비즈니스와 마케팅의 불확실성도 증가하고 있습니다. 당장 내년은커녕 다음 달의 시장상황도 예측하기 어렵습니다. 이런 변화의 시대를 우리는 어떻게 대처해야 할까요?

많은 사람들이 이런 변화의 시대를 막연한 두려움으로 맞이합니다. 엎친 데 덮친 격으로 세계경제의 성장률은 제로를 수렴하는 저성장 시대가 기정사실화되었습니다. 심지어 이런 저성장 시대가 일시적인 현상이 아닌 지속적인 표준으로 자리 잡을 것이라는 전망이 나오고 있는 현실입니다. 경제학자들은 저성장이 일상이 되는 시대를 뉴노멀이라는 용어로 규정짓고 있습니다. 변화는 미처 대비할 새도 없이 갑작스럽게 찾아왔습니다. 이러한 상황을 준비하지 못한 우리들에게 뉴노멀·저성장시대라는 환경변화는 여기에 적응하고 생존하는 것만으로도 쉽지 않게 느껴지는 일입니다. 뿐만 아니라 우리는 변화의 시대에 따른 파괴적 혁신과 창조적인 사고방식까지 요구받고 있습니다. 그동안 원가절감을 위한 다운사이징과 리엔지니어링을 통한 효율성이라는 목표에 맞춰져 있던 기업들에게 파괴적 혁신과 창조적 사고방식은 그저 낯설기만 한 숙제입니다.

■ 고객을 위한 서비스? 서비스를 위한 고객?

이런 이유에서인지 자의 반 타의 반으로 변화와 창조 그리고 혁신이라는 단어를 들으면 당장 뭐라도 해야 될 것 같은 마음에 급히 변하고 있는 것들을 쫓습니다. 가까운 예로 모바일이 대세라는 시류를 타고 일단 모바일을 활용한 마케팅을 하려고 합니다. 사물인터넷과 옴니채널이 대세라는 이유로 여기에 발맞춰 흐름에 편승하려고 합니다. 상황이 이렇다 보니 뒤처지면 안 된다는 절실한 마음에 급한 대로 기술과 트렌드에 맞춰 전략을 수립하고, 그 전략에 고객을 끼워 맞추는 웃지 못할 일들은 더 이상 낯선 모습이 아닙니다. 애초에 고객문제 해결과 가치제공을 위해 존재해야 하는 전략이, 어느 순간부터는 전략의 정당성을 증명하기 위해 존재해야 할 필요가 있는 고객을 찾아 나서게 되면서 주객이 전도되어버린 것입니다.

이런 현상들은 빠르게 변하는 것들에 대한 착각과 맹목적인 믿음에서 시작됩니다. 수시로 변하는 것들은 감각적으로 새로운 자극을 일으킵니다. 그리고 이런 자극을 통해 형성된 인식은 우리들의 마음속에 쉽게 자리 잡게 되며, 한번 자리 잡은 인식은 쉽게 바뀌지 않습니다. 어느 순간부터는 막연하게 변하는 것들을 빠르게 쫓지 않으면 경쟁에서 뒤처지고 패배할 것 같은 불안감이 듭니다. 여기에서 우리는 '왜'라는 질문을 잃었습니다. 마케팅과 전략은 오롯이 눈에 보이는 현상과 유행만을 쫓기 바쁩니다. 분명 변화에 적응하는 것은 살아남기 위해 반드시 필요한 '방법'입니다. 하지만 변화는 경영의 지속가능성을 위한 필요조건일 뿐입니다. 변화 자체를 목적으로 추구하는 것은 잘못된 '방향'이라고 할 수 있습니다. 아무리 좋은 방법도 방향을 잘못 설정하면 목표에 도달하기 어렵습니다. 반대로 올바른 방향도 좋은 방법이 수반되지 않는다면 마찬가지겠죠. 이쯤에서 잠시 빠르게 변하는 것들에 대한 강박과 추종을 멈추고 변하지 않는 것들에 대해 함께 생각을 해보면 어떨까요?

■ 변하지 않는 것 : 변하지 않는 것의 가치

지금 여기에는 변하지 않는 것들이 있습니다. 그것은 바로 이 순간, 이 책을 유심히 읽고 있는 당신의 욕구와 욕망입니다. 당신은 왜 이 책을 읽고 계신가요? 아마도 빠르게 변하는 것들에 적응하여 생존하고, 나아가 가치 있는 삶과 행복을 추구하고 싶은 욕구와 욕망 때문일 것입니다. 비록 우리는 현상적으로 빠르게 변하는 것들에 둘러싸여 있지만, 동시에 가치 있는 삶을 위해 변해야 한다는 변하지 않는 진실을 마주하고 있습니다. 다시 말해 우리가 변하는 것들을 중요한 사실로 민감하게 받아들이는 것은 결국 행복을 추구하는 인간의 변하지 않는 욕구와 욕망을 충족시키기 위해서 입니다. 여기에서 본질은 '변화'가 아니라, '행복'입니다. 변화는 수단일 뿐이지만, 행복은 그 자체로 목적입니다. 우리는 행복해지기 위해 변화를 선택하는 것이지, 변화를 위해 행복을 추구하지 않습니다.

한번은 헬스케어 산업의 컨설팅을 하면서 설문조사를 한 적이 있습니다. 잠재 고객들에게 다음과 같은 질문을 했습니다. "운동을 하는 목적이 무엇인가요?" 누구나 예상할 수 있다시피 '살을 빼기 위해서'라는 답변이 가장 많았습니다. 다시 질문했습니다. "살을 왜 빼고 싶은가요?" 거의 모든 사람들이 '건강을 위해서', 또는 '멋진 몸을 만들기 위해서'라고 대답했습니다. 또다시 질문했습니다. "왜 건강해지고 싶죠? 왜 멋진 몸을 가지고 싶은 건가요?" 이 질문에는 선뜻 답변을 하는 사람이 없었습니다. 너무 당연한 질문이기 때문이 아니라, 너무 당연한 것에 대해서 한 번도 생각해본 적이 없었기 때문입니다. 한참 시간이 지나서 '다른 사람들에게 주목받고 싶어서…'라는 답변이 나왔습니다. 마지막으로 제가 질문했습니다. "당신은 왜 다른 사람들에게 주목받고 싶은 거죠?" 더 이상의 답변은 돌아오지 않았습니다.

사람들이 다른 사람들의 관심을 받고 싶은 이유에 대해 생각해봤습니다. 제가 내린 결론은 바로 '스스로에 대한 사랑'이었습니다.

"스스로가 소중한 존재이기 때문에, 자기 자신을 사랑하기 때문에..."

그렇기 때문에 운동을 통해 살을 빼고 싶고, 멋진 몸을 만들어 다른 사람들에게 관심을 받고 싶은 것이라고 생각했습니다. 최종적으로 이 헬스케어 업체의 컨셉을 'LOVE YOURSELF'로 정했습니다. 고객 자신이 얼마나 소중한 존재인지를 알려주고, 스스로를 사랑하는 방법을 알려주는 것을 헬스케어 비즈니스의 본질이라고 규정했습니다. 결과적으로 이 업체의 모든 전략과 커뮤니케이션을 여기에 맞추었습니다.

자기 자신을 사랑하는 마음은 시간이 지나도, 기술이 바뀌고 시대가 바뀌어도 변하지 않는 절대적인 가치입니다. 하지만 우리는 사랑이라는 변하지 않는 가치에 대해 얼마나 깊이 생각하고 사색하고 있을까요? 흔히 쉽게 변하지 않는 것들을 당연하다고 생각하며 소홀히 하는 경향이 있습니다. 지금 이 순간 여기에서 우리가 살아 숨 쉬고 있는 것이 당연한 일일까요? 혹시 이것이 말도 안 될 만큼 기적과도 같은 사건이라는 생각을 해본 적이 있나요? 어느 쪽이 진실에 가까운지 스스로에게 설명해보면 답은 명확해집니다. 잠시 생각해보겠습니다. 아마 지금 주어진 삶과 생명이 왜 당연한 일인지를 설명하는 것은 이 순간을 기적이라고 설명하는 것보다 훨씬 더 어려울 것입니다. 하지만 우리는 이 모든 것을 그저 당연하다고 느끼기 때문에 왜 당연한지에 대해서도 생각해본 적이 없습니다. 빠르게 변하는 것에만 초점을 맞추다보니 스스로 사색하고 질문을 던지는 힘을 잃어버린 것입니다. 아이러니하게도 바로 이 지점에 본질적 차별화를 향한 엄청난 기회가 숨어있습니다.

마케팅에서 변하지 않는 것에 대한 사색과 통찰은 매우 중요합니다. 마케팅의 성과를 좌우하는 본질적인 요소들이 기술과 테크닉을 기반으로 하는 공학이 아니라, 인간을 이해하고 공감하는 사색과 철학에 달려있기 때문입니다. 마케팅에서 사람들의 마음을 파고드는 메시지는 특별한 것들이 아닙니다. 가장 강력한 마케팅 메시지는 바로 너무 당연해서 사람들이 왜 당연한지 미처 생각해보지 않았던 '변하지 않는 것'들을 이야기하는 것입니다. 일상성에 숨어 있는 변하지 않는 당연한 것들을 통해 특별함을 끄집어내는 순간, 누구나 쉽게 공감할 수 있는 메시지가 탄생하기 때문입니다. 그동안 스티브 잡스의 애플이 성공할 수 있었던 이유, 디즈니의 작품들이 전 세계의 어른이나 아이 할 것 없이 꾸준히 사랑 받는 이유, 우리가 스타벅스와 나이키, 이케아, 구글 등의 회사를 선택하고 주목하는 이유가 무엇인가요? 아마도 이들이 인간의 본원적인 욕구와 욕망이라는 변하지 않는 것들에 대한 이해와 공감을 바탕으로 비즈니스를 하기 때문일 것입니다. 이들은 겉으로 보이는 표면적 사실과는 달리 기술적 노하우를 기반으로 하는 회사가 아닙니다. 이들은 기술과 유행을 중심으로 고민하지 않습니다. 하나같이 사람에 대해 생각하고 고민하고 연구하는 회사라는 공통점을 가지고 있을 뿐입니다.

■ 성장의 시대를 넘어 성숙의 시대로

최근 사회적으로 인문학에 대한 관심이 높아지고 있는 것도 '변하지 않는 것에 대한 가치'와 무관하지 않습니다. 그런데 아이러니한 사실이 하나 있습니다. 인문학에 대한 사회적 관심은 높아졌지만 대학의 인문학과들은 점점 사라져 가고 있다는 것입니다. 이것이 인문학에 대한 상업적 태도를 엿볼 수 있는 우리 사회의 부끄러운 민낯입니다. 빠르게 변하는 것들에 초점을 맞추고 가치를 평가하는 시대에서, 변하지 않는 것들에 대한 본질적인 가치는 쉽게 평가절하됩니다. 애초에 거기 그 자리에 자리 잡고 있는 것들은 잉여라는 이름으로, 또 효율성이 떨어진다는 이유로 하나씩 잘려나가기 때문입니다. 하지만 이제 우리 사회는 산업화를 통한 성장의 시대를 지나 성숙의 시대로 접어들고 있습니다. 저성장·뉴노멀시대는 새로운 기회가 될 것입니다. 다만 인문학을 대하는 태도와 같이 진정성이 없는 미성숙한 마케팅과 전략으로는 성숙한 시대를 사는 고객들의 마음에 이해와 공감을 불러일으킬 수 없을 것입니다. 선택은 각자의 몫입니다. 이런 패러다임을 더 이상 성장이 멈춰버린 위기로 규정짓느냐, 아니면 성장의 시대를 넘어 성숙의 시대로 접어드는 새로운 기회로 정의하느냐의 문제일 뿐입니다. 또한 마케팅 전략에서 성장의 시대를 대변했던 기존 방식은 더 이상 고객들에게 통용되지 않을 것입니다.

성장의 시대를 위한 마케팅은 기업이 고객과의 정보 비대칭성을 무기로 하는 전략적 통제의 성격이 강했습니다. 하지만 성숙의 시대를 위한 마케팅의 핵심 키워드는 '휴머니즘'입니다. 아직도 많은 사람들이 기술을 통해 고객을 통제하고 조종할 수 있다고 착각합니다. 하지만 단언컨대 더 이상 고객을 기업의 의도대로 통제할 수는 없습니다. 그렇기 때문에 앞으로는 고객과 시장을 통제할 필요가 없는 마케팅을 해야 합니다. 물론 이러한 방식은 다소 낯선 마케팅 접근방식이 될 수도 있습니다. 피터 드러커의 "측정할 수 없으면 관리할 수 없다"는 말은 그동안 경영과 마케팅에서 금과옥조로 여겨졌던 말입니다.

이에 화답하듯 MBA 과정에서 다루고 있는 핵심적인 내용이 바로 관리와 통제에 맞춰져 있는 것은 물론입니다. 하지만 실제 경영과 마케팅 현장에서는 어떤가요? 지금 자신이 왜 이것을 측정해야 하는지, 또 무엇을 측정하고 있는지에 대한 정확한 의미도 모른 채 수많은 현장에서 측정하기 위해 관리를 하고 있습니다(이 말을 못 믿겠다면 지금 당신의 동료, 혹은 직원들에게 '왜'라는 질문을 던져보세요). 이러한 현실을 감안한다면 좀 더 바람직한 방법은 복잡하게 측정하고 관리할 필요가 없을 정도로 단순하고 명쾌해집니다. 관리하고 측정해야 할 부분을 최소화하는 것입니다. 세부적인 측정을 위해 투입하는 경제적·시간적 비용과 손실이 상당합니다(물론 측정을 통한 비용과 손실이 얼마나 되는지 측정하려면, 또다시 이것을 측정해야 됩니다). 이러한 비용을 줄이고 단순하고 명쾌해지기 위한 근본적인 방법은 조직을 최대한 작은 규모와 시스템으로 유지하는 것입니다.

■ 거래보다 관계, 유행보다 기본, 현상보다 본질

지금까지의 이야기는 모두 마케팅에 대한 특별한 비법이나 최근 유행하고 있는 그로스 해킹, 또는 새로운 기법이나 ○○ 마케팅이라고 불리는 비법 등과 같은 마케팅 기술과 테크닉, 공학에 대한 내용이 아닙니다. 오히려 철학에 가깝습니다. 아마 마케팅의 본질적인 정의를 기술과 테크닉의 공학적 측면으로 내린다면, 마케팅을 배운 사람들이라면 누구나 비슷한 정도의 좋은 성과를 내야 마땅할 것입니다. 하지만 비슷한 자원과 동일한 마케팅 지식을 가지고 경쟁하는 기업 또는 마케터들의 역량은 그들이 가지고 있는 자원과 지식의 편차범위를 훨씬 넘어 상당한 차이를 나타냅니다.

왜 그런 것일까요? 그것은 바로 마케팅의 성과를 좌우하는 핵심적인 요소가 기술과 테크닉을 기반으로 하는 공학이 아니라, 인간을 이해하는 사색과 사유의 방식에 있기 때문입니다. 인문학적 생각과 철학적 사고방식은 마케팅 전략과 비즈니스의 성공여부를 판단하는 시금석이 됩니다. 지금까지 거래와 유행, 현상이라는 표면적 사실보다 관계와 기본, 본질이라는 마케팅 철학을 바탕으로 진실을 이야기했습니다. 거래와 유행, 현상은 일시적인 것입니다. 반면에 관계와 기본, 그리고 본질은 시간이 지나도 쉽게 변하지 않는 속성을 가지고 있습니다. '변하는 것과 변하지 않는 것'이 이야기 하는 주제의 핵심은 지속가능성이라는 경영과 마케팅의 궁극적인 지향을 향하기 위한 방법론의 일부가 될 것입니다.

혹시 조금 더 빠른 길이 있더라도 그것이 지속가능성을 조금이라도 해친다면 빠른 길보다는 바른길을 선택해야 합니다. 바른길이 가장 빠른 길이며, 정직하고 지속적인 가치혁신을 통한 차별화가 지속가능한 경쟁우위의 유일한 방법입니다.

에필로그

"언어는 존재의 집이다."

실존주의 철학자 하이데거의 말입니다. 지금까지 사람들의 머릿속에 막연하게 자리 잡고 있는 마케팅이라는 존재를 구체적인 언어를 통해 형상화하고자 글을 써내려 갔습니다. 특히 전문적인 경영학이나 마케팅 용어의 무분별한 사용은 지양 했으며, 현학적인 태도를 드러내기보다는 누구나 이해하기 쉽고 공감할 수 있는 일상의 언어로 이야기하고자 했습니다.

전체적인 완성도의 문제는 차치하더라도 글을 통해 전달하고자 하는 행간은 충분히 전달이 되었으리라 생각합니다. 궁극적으로는 거래보다 관계, 유행보다 기본, 현상보다 본질이라는 마케팅 사고방식을 통해 지속가능성을 위한 경영학적 의사결정의 기준을 제시하고자 했습니다. 하지만 아직 사색의 넓이와 깊이가 충분히 숙성되지 않아 부딪칠 수 밖에 없었던 제 자신의 한계를 이 자리를 빌어 고백합니다. 내용이 쉽게 이해가 되지 않거나, 충분히 공감이 되지 않는 부분이 있다면, 그것은 순전히 제대로 전달하지 못한 저의 부족함 입니다.

사실 조금이라도 욕심을 내어 더 많이 알려고 할수록 더 많이 모르게 되었습니다. 10시간 공부하면 100시간 만큼 더 모르게 되고, 그래서 100시간 노력하면 다시 1000시간 만큼 멀어졌습니다. 지금 이렇게 원고가 마무리가 되어가는 시점이 되고 나서야, 아는 것을 드러내는 것과 드러내는 것을 온전히 안다고 말하는 것이 얼마나 부끄러운 일이며, 큰 용기를 필요로 하는 것인지 새삼 배웁니다.

사업실패 후, 마케팅을 공부 해야겠다고 마음 먹은 지 얼마 되지 않아 마케팅을 제대로 알려면 전체적인 경영의 틀 안에서 마케팅을 이해하는 것이 필요하다는 생각이 들었습니다. 그런데 경영을 이해하기 위해서 경제학을 이해하는 것이 필요했습니다. 경제학을 조금 살펴보니, 국제관계를 이해하지 못하면 경제학을 온전히 흡수하기 어렵더군요. 국제관계를 알기 위해 각 나라의 역사와 문화, 그리고 사회에 대한 이해가 필요했습니다. 사회를 이해하기 위해서는 사회를 구성하고 있는 최소 단위인 그 안의 사람을 알아야 했습니다. 그렇게 어렵게 돌고 돌아 마지막으로는 한 사람, 한 사람을 단순히 아는 것을 넘어 사람에 대한 진심어린 공감과 이해가 결국 마케팅을 제대로 이해하는 정도의 길이 아닐까 하는 생각에 이르게 되었습니다.

그런데 내가 아닌 다른 사람을 공감하고 이해하는 일이 말처럼 쉬운 일은 아닌 것 같습니다. 타인에 대한 시선이 따스한 체온을 유지하려면 먼저 내가 나를 바라보는 시선이 따뜻해야 합니다. 하지만 때론 자기 스스로를 이해하고 마음속에 품은 나의 생각을 온전히 지지하는 일조차 쉽지 않습니다. 그것도 모자라 가끔은 내가 알고 있는 나의 모습이 진정한 나의 모습인지 의구심이 들 때가 있습니다. 그러나 이런 의문과 질문이야말로 마케팅적 사고방식의 출발점입니다.

가끔 스스로 있는 그대로의 모습을 강하게 부정하고 거부하는 사람들이 있습니다. 내가 보여주고 싶지 않은 자신의 모습을 들키게 될까 두려운 마음에 상대방에게 공격적인 태도로 상처를 주고 자기자신을 적극적으로 방어합니다. 그 마음 한 켠에는 열등감이라는 불완전함이 자리 잡고 있습니다. 그런데 열등감이라는 감정은 인격의 성장판과 같습니다. 계속해서 자극을 줄수록 성장하는 삶과 성숙한 성격을 만드는 데 큰 역할을 하는 것이지요. 하지만 반대로 감추고, 보호하고, 숨기려 애쓰기 시작하면 진정한 나를 찾아가는 길이 어지러워지기 시작합니다.

책의 본문에서 진정성이 담긴 철학에서 시작하는 경영, 그리고 마케팅의 중요성을 수차례 강조했습니다. 그 철학의 시발점은 바로 있는 그대로의 나를 받아들이는 것입니다. 또한 불완전한 그 모습을 받아들이고 사랑하는 것은 마케팅의 출발점이기도 합니다. 나의 불완전함을 인정하고 받아들이지 못하는 사람이 다른 사람의 마음 속 균열을 진심으로 공감하고 이해할 수 있을까요? 열등감, 그리고 불완전한 감정을 깊이 공감하고 위로하려는 마음의 상태는 마케터에게 굉장히 중요한 덕목인 것 같습니다. 사람들의 불완전한 마음과 상태를 충족시켜주고 채워주는 것이 바로 마케팅이니까요. 먼저 있는 그대로의 나를 오롯이 받아들이고 사랑할 준비가 되어 있는 사람이 다른 사람을 진심으로 이해하고 공감할 수 있지 않을까요?

물론 사람에 대한 이해와 공감이 글을 읽고 공부한다고 되는 것은 아닙니다. 마케팅 역시 마찬가지라고 생각합니다. 마케팅을 이해하는 일이 사람의 일과 그 끝이 맞닿아 있다면, 그 누구라도 감히 마케팅을 조금이라도 이해한다고 이야기하기 어려울 것 같습니다. 어쩌면 마케팅이 어쩌고 하는 수많은 주장과 이야기들은 깃털같이 가벼운 지식의 파편에 불과할 수 있다는 생각을 해봅니다. 물론

저 역시 이러한 지식의 파편 언저리에서, "나는 내가 아무 것도 모른다는 사실을 안다"고 했던 소크라테스의 각주를 이 책을 통해 크게 외치고 있는 것인지도 모르겠습니다.

한없이 부족한 역량과 주어진 여건 속에서 제가 할 수 있는 최선을 다한 것 같습니다. 다시 처음부터 글을 시작한다 해도 이 이상을 할 능력도, 자신도 없을 만큼 후회 없이 치열하게 써 내려간 기억과 고통이 아직까지 생생합니다.

혹시 스스로에 대한 이해 없이, 스스로에 대한 사랑 없이, 다른 사람을 공감하고 이해하는 척 조종하는 것을 마케팅이라고 오해하고 있는 마케터에게, 그리고 마케팅은 잘 포장하고 광고해서 그럴듯하게 파는 기술이라고 생각하는 사람들에게 이 책이 하나의 공론의 장을 마련해 줄 수 있다면 그보다 더 가치있는 성과가 없을 것 같습니다.

글을 읽어주신 여러분들의 냉정한 평가 기다리겠습니다. 그리고 어떤 결과와 평가라 하더라도 성장과 성숙을 위한 밑거름이 되도록 겸손한 마음으로 가슴에 새기겠습니다. 책의 마지막까지 마케팅에 대한 치열한 고민을 함께 공유하고 사색해주신 여러분들께 진심으로 머리 숙여 존경과 감사의 말씀을 드립니다.

감사하고, 감사하고, 또 감사합니다.